永宁历史影像

永宁县史志编纂委员会办公室 编

黄河出版传媒集团
宁夏人民出版社

图书在版编目（CIP）数据

永宁历史影像 / 永宁县史志编纂委员会办公室编.
— 银川：宁夏人民出版社，2018.6
ISBN 978-7-227-06920-1

Ⅰ. ①永… Ⅱ. ①永… Ⅲ. ①革命史 — 史料 — 永宁县
— 画册 Ⅳ. ①K294.34-64

中国版本图书馆CIP数据核字（2018）第163555号

永宁历史影像　　永宁县史志编纂委员会办公室　编

责任编辑　陈　浪　李彦斌
责任校对　周淑芸
封面设计　李玉春
责任印制　肖　艳

黄河出版传媒集团
宁夏人民出版社　出版发行

地　　址　宁夏银川市北京东路 139 号出版大厦（750001）
网　　址　http://www.yrpubm.com
网上书店　http://www.hh-book.com
电子信箱　nxrmcbs@126.com
邮购电话　0951-5052104　5052106
经　　销　全国新华书店
印刷装订　宁夏凤鸣彩印广告有限公司
印刷委托书号（宁）0010039

开本　787mm×1092mm　1/8
印张　25.5　　字数　220 千字
版次　2018 年 7 月第 1 版
印次　2018 年 7 月第 1 次印刷
书号　ISBN 978-7-227-06920-1
定价　300.00 元

《永宁历史影像》编纂委员会

名 誉 主 任：钱克孝　郭雪平　李润军　段伏林

主　　任：刘　明

副 主 任：郑进选　陈丽娟　王　辉　郭　宏

委　　员：刘志刚　康利平　王富荣　王长宏

曹永进　周永平　马跃林　刘　印

姜自力

《永宁历史影像》编辑人员

主　　编：刘　明

副 主 编：王富荣

执行主编：王富荣

总　　纂：李玉春

校　　对：付燕荣　张学军　陈　媛　邢　茹

设计摄影：李玉春

永宁人民公园

109国道、京藏高速、银西高铁在永宁望远交汇

永宁黄河大桥

银川望远工业园

永宁西部水系

三沙源

序言

刘明

影像技术的问世，极大地丰富了人类文化信息的形式与内涵，也使人们获取信息的方式变得多彩多姿。影像信息的出现，也丰富了文化创作的形式与内容。

影像信息存续历史。人们在目击社会事态的同时，用镜头记录了正在发生的事件、人物、景物状态的瞬间。这些影像带着我们一起穿越时空隧道，去见证那远去的人事沧桑。

20世纪以后的历史，是一部可以“回看”到的历史。这个世纪风起云涌，众多仁人志士、风云人物，为了民族的独立、人民的幸福，书写了华彩的篇章。大量摄取于这个时期的永宁历史影像，留下了这块土地风云变化的瞬间，见证了这块土地上人民战斗、劳动、生活的场景。这些饱含时代气息的影像，让永宁这块土地变得更加鲜活与生动。

留存的影像，瞬间定格人物形象神态，人物所表现出的内心气质，甚至是一颦一笑，都有其所呈现的时代独有的特征信息。沧海桑田，山川河流，劳动生产，衣食住行，民俗文化，都能从这些影像看到所在时代的代表“符号”。

熙熙攘攘世人有往来，风风雨雨万物会枯荣。但影像信息留今远传。读《永宁历史影像》，感沧海世事。

永宁县史志办对散落在社会各方的永宁县历史影像进行收集、整理、拾遗补缺。功在当代，利在千秋。

永宁影像，特别是永宁人民欢庆翻身解放的影像，新中国成立初期至20世纪五六十年代永宁社会主义改造、社会主义建设时期的影像弥足珍贵，带我们穿越时空，去回味那激情燃烧的年代。

一部影像作品，不仅是当时社会、生活的一个剪影，也是社会文化背景的一个浓缩。人们可以通过这些影像读历史、读文化、感悟社会变革，从中汲取精神的养料。

《永宁历史影像》既是对现存永宁影像资料的一次整理，也是宣传永宁文化的一部力作。这些收藏于永宁县、银川市、自治区档案馆及社会各处的影像，其照片间的历史脉络，再现了社会变革与发展。《永宁历史影像》的工作者，通过搜集和整理影像信息，精心编排成册，史藏价值得到极大的提升。

《永宁历史影像》用历史图片的形式，再现现代、当代永宁人文景观。它既有纪实性，又富真实性，是永宁文化建设的有益补充，也是永宁史志建设一次新的尝试。对宣传永宁、展示永宁厚重的文化意义匪浅。

2017年9月29日

刘 明：中共永宁县委常委、县委组织部部长

永宁赋

王富荣

水流九曲为“永”①，稻丰羊塞有“宁”。

莽莽天宇，九万里风驰云飙；恢恢地轮，五千年终有永宁。

春秋西戎、羌人、匈奴游牧场；秦为富平；汉为灵州、灵武二县地，西晋辖，东晋羌人、鲜卑、匈奴居；归北魏，境域置设刁公城，后添弘静镇②；北周归怀远；隋时弘静、灵武、怀远三县治。西夏静、顺两州终；元朝宁夏府路之灵州；明初宁夏府，后为陕西都司宁夏卫；清廷宁夏、宁朔两县统；民国三十年，横空问世，永宁置县杨和堡。

黄河之水天上来，一任青铜锁啸龙。南入永宁九百沃土，一派横流百媚生娇。汉开汉延渠，唐拓唐徕渠，清凿惠农渠，今通西干渠。万顷腴田凭灌溉，千家禾黍足耕锄。玉带生烟，泽润千代，湖汉交错，村舍散落，水乡气象胜江南。

①永：字意初为水流弯曲的样子。②弘静镇：现永宁望洪镇南。

南眺古长安，西北盘贺兰③。史上烽烟三千年，无限江山。踞隘固疆筑“三关”④，残阳夕照“西边墙”⑤，“贺兰晴雪”下安屯。“玉泉营”中军书急，“平羌堡”⑥寨烈马嘶。鸣金鼓再起，骧伏金甲森。寒烟浮土屋，衰草藉山阿。曾几何，永宁何处不热土；终却是，一卷帝王风云兴衰史。

1949年9月23日，雄师过“仁存”，永宁解放。土地革命，永宁无地农民分地三万三千九百五十六亩；社会主义建设，工业、交通、邮政、教育、医疗卫生，农业机械从无到有。改革开放，宏图历践，农工俱兴，产业集聚。启元、伊品、紫金⑦、泰瑞聚势偾张；全民创业，百舸争流，风云际会。贺兰山麓葡萄长廊核心，酒香比肩法国波尔多。党枕民生，闽宁建设，全民小康，千古绝唱。

③贺兰：永宁县西北部的贺兰山。④三关：指永宁县赤木口里中墩、赤木中口墩、赤木新墩。⑤西边墙：永宁县西部明长城，永宁古人称西边墙。⑥平羌堡：现永宁平吉堡的旧称。⑦紫金：宁夏紫金花实业集团有限公司。

王富荣：永宁县地方志编纂委员会办公室主任

永宁县

永宁县地处银川平原，东指鄂尔多斯台地，沿黄河与灵武市相望，南原平而地阔，与青铜峡市阡陌相连，西毗邻贺兰山与蒙古高原的内蒙古自治区阿拉善左旗相接，北依银川市，市、县城市群绵密相织。

永宁县地势西高东低，呈西南向东北倾斜状，全境有五种地貌，分别为贺兰山地貌、洪积扇地貌、河成老阶地貌、风沙地貌、黄河冲积平原地貌。贺兰山地貌位于县境西北部，北起单岭子，南至小沟口；洪积扇地貌由贺兰山洪积物冲积而成的扇倾斜平原；河成老阶地貌，洪积扇以东至黄河冲积平原间，由于黄河的变迁上切，造成了河成老阶地貌；风沙地貌地表沙丘起伏，北重南轻，为果林区；黄河冲积平原地貌由于黄河改道，形成了星罗棋布的湖泊沼泽。

旧石器时代晚期永宁地域有人类生活，距今已有3万年。春秋以前属西戎、羌人、严狁、鲜卑、匈奴等北方游牧部落之地。战国属北地郡。秦时为北地郡富平县地。西汉分属北地郡之灵州、灵武两县。东汉仍为北地郡灵州县、灵武县辖地。三国、西晋时期为西晋辖地。东晋十六国时为羌、鲜卑、匈奴等部族所居，后属赫连夏境土。南北朝先后属北魏、西魏、北周辖地，北周时期为灵州之怀远郡怀远县辖地。隋立弘静县，分属弘静、灵武、怀远三县辖地。唐先后改弘静县为安静县、保静县，分属保静、灵武、怀远三县辖地。五代保静、灵武、怀远均废县为镇，属朔方节度使灵州地。北宋时境内曾设永州，永宁分属永、灵二州。西夏时属静、顺二州。元属宁夏府路之灵州。明先属宁夏府，后分属陕西都指挥使司之宁夏卫。清雍正三年（1725年）分属宁夏、宁朔两县。民国三十年（1941年）4月1日，永宁置县，县治设杨和堡。1949年9月23日，永宁解放。9月28日，永宁县人民政府成立。1954年9月27日，宁夏省建制撤销，永宁县隶属甘肃省银川专区。1958年10月25日，宁夏回族自治区成立，永宁县隶属宁夏回族自治区。1972年，隶属银川市。

永宁县属中温带干旱气候区。年平均气温8.7℃，夏季平均气温在20℃以上，无霜期平均167天。年日照时数达2866.7小时，光能资源丰富，日照长。温度和日照条件可满足多数农作物生长发育的需要。温差大，气候年较差平均为31.5℃，日较差平均13.6℃，有利于有机质的合成积累，可为农产品生长提供优质条件。年平均降水量很低，多年年平均降水量为201.4毫米。降水一年中分配很不均匀，多集中于夏末秋初，占全年总降水量的62.2%。年平均蒸发量1470.1毫米。

今永宁全县辖望远镇、胜利乡、杨和镇、望洪镇、李俊镇、闽宁镇、杨和街道办事处、玉泉营农场、黄羊滩农场。2016年，全县常住总人口 239930 人。

目 录

新民主主义革命时期

社会主义革命和建设时期

改革开放和社会主义现代化建设新时期

新民主主义革命时期

永宁县域早期革命活动

永宁县是具有光荣革命传统的地方。

1925年10月，冯玉祥部队经宁夏入甘肃，在该部政治部工作的中共党员宣侠父、钱清泉等人在途经宁夏城（今银川城区）、宁朔县（今永宁县望洪镇、李俊镇）等地，开始进行革命宣传活动，他们是最早在永宁县境内开展革命的中共党员。

1932年，梁大均在兰州加入中国共产党。他从甘肃回到家乡叶盛堡，与共产党员马云泽等在永宁的宋澄、望洪、李俊等小学，以教学为掩护发动群众，宣传抗日。

1936年，中共党员马云泽由宁朔县四区来到宋澄堡（今宋澄村），经李俊堡完小校长、中共党员梁大均介绍，到宋澄小学任教，组织学生到附近乡、村宣传党的抗日主张。

1937年10月，中共中央决定成立中共宁夏工作委员会，李仰南任工委书记。李仰南派中共党员何广宽到杨和堡、增岗堡、李俊堡等地开展武装斗争。

1938年10月，中共党员白玉光受陕甘宁边区特委指派到宋澄小学任教，从事党的地下活动。此时，李仰南在银川被特务分子发现，转移到掌政桥居住。梁大均因敌人追捕紧迫，撤离宁夏到延安。

1939年11月，中共中央派崔景岳来宁夏接替李仰南的工作。12月，崔景岳和王博通过地下党组织的介绍分别到青铜峡汉坝小学和永宁宋澄堡小学任教，开展党的地下活动。

1940年3月，崔景岳、王博、白玉光3人在汉坝小学开会。会议宣布重建中共宁夏工委。崔景岳任书记，白玉光任组织委员，王博任宣传委员。确立汉坝小学、宋澄堡小学作为宁夏工委的工作机关地。同年4月，由于敌特跟踪追捕及叛徒出卖，崔景岳、王博、白玉光等30余名共产党员和革命青年先后被捕。1941年4月17日，崔景岳、马文良、孟长有被敌人活埋于银川北城。

1942年9月，中共三边分区党委决定成立中共金（积）灵（武）工作委员会，在永宁发展王克和、朱九章、周广耀、周占山、周英玺、王文义、王召、徐胜录等8名中共地下党员。

抗战期间，宁夏少战团经常在永宁区域乡村演出。图为少战团团员研习宣传抗日剧本

1982年，宁夏少战团人员冒海天、李志纯、钱大钺、马侠、邵景禄（左起）在北京合影

宁夏少年抗日战地服务团在永宁

抗日战争期间，宁夏少年抗日战地服务团经常活跃在永宁县的望远、李俊等地。

七七事变之后，宁夏实验小学进步教师杨文海等在校长贺自正等支持下，开展抗日救亡活动。是年冬，秘密成立“西北少年抗日战地服务团”，发展团员20余人，选举宋谦、李志纯为正副团长。服务团的宗旨是：“爱我中华，赶走强盗”。杨文海组织学生多次向马鸿逵政府请愿，要求少战团赴前线为抗日将士服务。

1938年1月，改名为“宁夏少年抗日战地服务团”（以下简称“少战团”）。

1937年11月，中共宁夏工委书记李仰南到实验小学任庶务主任后，支持和指导少战团的工作，并先后吸收杨文海、薛云亭、高立天入党，少战团的活动完全置于中共宁夏工委的领导。此后，少战团的抗日救亡活动便进入高潮，团员发展到100多人，先后组织了宣传队、歌咏队、剧团，宣传抗日救亡。少战团徒步到各县宣传，走遍宁夏各主要城镇，点燃了抗日救亡的烽火，激发宁夏青年和民众的抗日热情。

少战团及全省抗日团体的不断涌现和革命活动的深入开展，引起马鸿逵当局的注意。1938年10月，国民党宁夏省党部下令取消少战团。杨文海、薛云亭与少数少战团团员赴延安参加革命，少战团的活动因敌人破坏而结束。

崔景岳在宋澄小学

1940年3月初，崔景岳在宁朔县（今永宁县）宋澄小学，主持中共宁夏工作委员会工作。

崔景岳，1911年生，陕西三水(今旬邑)人。1927年冬加入中国共产党。1928年5月，崔景岳参加旬邑农民起义。1930年冬，崔景岳与蒲玉阶等人组建中共旬邑县委。1933年，中共陕西省委和临时省委先后被国民党反革命派破坏，数百名共产党员和革命群众被捕或被杀。崔景岳从陕甘边区前往西安参与组建临时省委工作，先后任省委委员，后接任秘书长。抗日战争爆发后，崔景岳任省委常委，兼秘书长。1938年春，崔景岳作为省委特派员到西路巡视工作，接任中共西路特委书记。1939年冬，中共陕甘宁边区委员会决定调整中共宁夏工委领导成员，派崔景岳任工委书记。1940年3月初，崔景岳在宁朔县宋澄小学(今永宁县宋澄小学)、汉坝小学（今青铜峡市小坝小学）主持中共宁夏工作委员会工作。1940年4月13日，他去宁夏城(今银川市)，被20多名宪兵围捕，关押于宁夏省军警联合稽查处。1941年4月17日深夜，崔景岳被国民党军警杀害。

2012年，永宁县在中共宁夏工委机关旧址永宁县宋澄小学建设纪念馆。纪念馆陈列展示“中共宁夏工委成立及开展的革命活动”的文献、档案、图片、实物史料。

奔波中的崔景岳与他的自行车

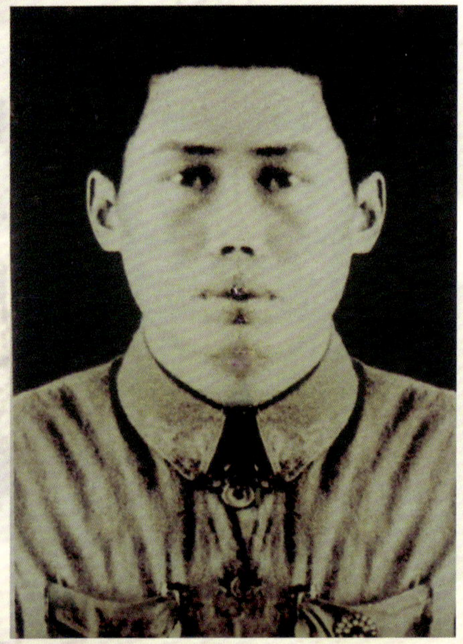

1937年5月，参加中国陕西省党代会筹备会时的崔景岳

崔景岳与夫人陈晶

崔景岳（左）与战友合影

陕西旬邑崔景岳故居

1965年10月12日，宁夏回族自治区、银川市在银川市烈士公墓举行安葬崔景岳、孟长有烈士大会

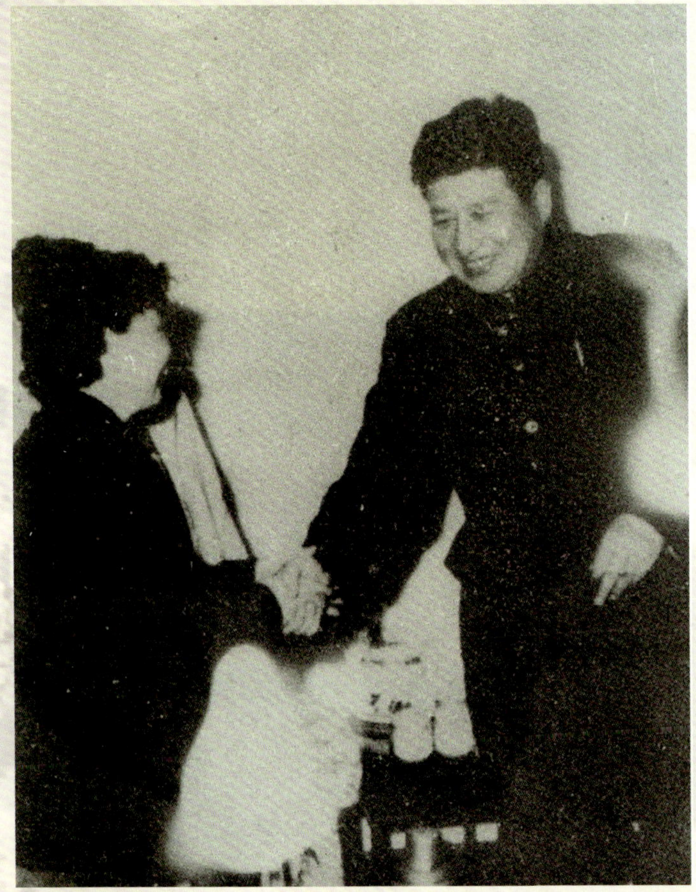

1962年5月5日，自治区党委书记杨静仁接见崔景岳烈士的女儿崔黎明

20世纪80年代，群众祭奠崔景岳烈士

1991年，崔景岳烈士的女儿崔黎明来银川祭奠父亲

宁夏工委早期活动地之宋澄小学

1960年8月22日，国务院第102次全体会议决定，撤销宁朔县，成立青铜峡县，将原来宁朔县小坝公社的五坊、东风和李俊公社的宁化、古正、宋澄、李俊、团结、友爱等8个大队划归永宁县管辖，成立李俊人民公社。中共宁夏党工委早期活动地之一的宋澄小学划入永宁。

被国民党幽囚十年的宁夏工委成员姚益讯、杜琳、白玉光、马云泽、曹松林、王世同，为庆祝银川解放于1949年10月2日合影

宁夏工委早期活动地之一，永宁县宋澄小学纪念馆展厅。2016年纪念馆扩建，展厅重建

在宋澄小学活动部分同志影像

王 博

白玉光

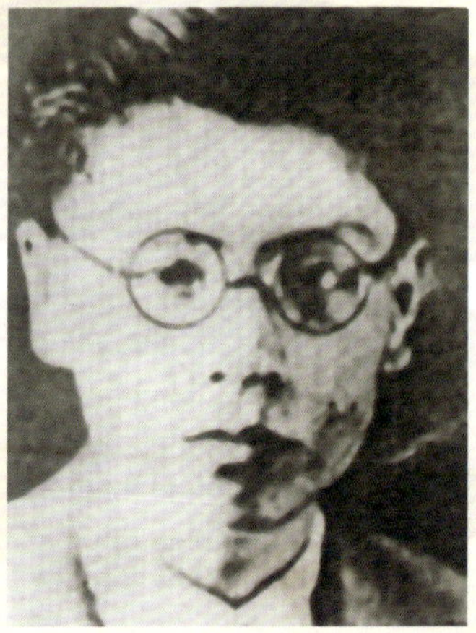

马文良

何广宽

杨一木

李仰南

解放军永宁仁存渡口渡黄河解放永宁

仁存渡口位于永宁县仁存乡（现望洪镇）。

1949年9月23日，中国人民解放军十九兵团司令员杨得志、政委李志民和宁夏方面军政代表卢忠良等在《和平解决宁夏问题之协议》书上正式签字。宁夏国民党军向解放军求和之时，驻银川老城区的几万名溃散的国民党官兵，成群结伙趁火打劫，夜入民宅，强索财产，杀害无辜。银川郊区火药库被人引爆，使城内居民人心惶惶。

马鸿宾等国民党宁夏军政人员无法控制局势，急电彭德怀，请求速派兵进驻银川。鉴于情况变化，19兵团改变了拟于9月25日入驻银川的计划，遂令64军派先头部队连夜进驻银川。191师572团两个营在副师长孙树峰和团长张怀瑞的率领下，由仁存渡口上岸，冒雨疾驰银川。晚23时，解放军先头部门抵达银川，迅速控制4个城门和钟鼓楼、玉皇阁等制高点，占领飞机场、军火库、粮库、电台等重要场所，控制银川局势。

24日清晨，银川市各界代表乘汽车30多辆，冒雨到永宁县仁存渡口，迎接过黄河的中国人民解放军,19兵团主力部队。

1949年9月23日，人民解放军过黄河时的永宁县仁存渡口

1949年9月23日，人民解放军十九兵团先头部队从永宁县仁存渡口过黄河

1949年9月23日，解放军19兵团先头部队渡过黄河后，登上汽车向永宁县开进，永宁县解放

1949年9月29日，解放军19兵团63军118师564团从永宁翻越贺兰山，进入阿拉善旗

社会主义革命和建设时期

永宁县社会主义革命和建设时期

1949年9月23日，永宁宣告解放。

新生的人民政权建立。全县共成立7个区，55个乡，392个行政村。

到1952年，全县耕地面积增加到27万亩，粮食总产3864.5万公斤，比1949年2311万公斤增长67.2%；全县工业企业由1949年的1个，发展到1952年的20个，工业总产值由1949年的7.4万元增加到1952年的24.5万元，增长231%。

从1953年到1956年年底基本完成社会主义改造。全县创建高级社26个，入社农户达15677户，占全县农户的96.6%。1955年6月，永宁县私营工商业和私营手工业的社会主义改造全面展开。到1956年10月，全县有六社一组，即木业、铁业、鞋业、服装、理发、综合修理生产合作社与皮麻生产组。“三大改造”胜利完成。

1958年10月，全县19个乡撤去乡的建制，成立望洪、杨和、望远、掌政、李俊5个人民公社。

1958年，由于在经济建设上急于求成，全县农业产值由2386万元降到1575万元，下降33.9%；粮食产量由47155吨降到31105吨，下降34%。

1961年开始，中共中央对国民经济实施“调整、巩固、充实、提高”的方针。全县农业生产得到恢复和发展。到1966年，全县农业总产值达到3731万元，比1956年增长58.1%；粮食总产量达到6545.5万公斤，比1956年增长40.3%。工业生产稳步发展，扭转了过去的亏损局面。1966年工业总产值达到70.2万元，比1956年增长112.7%。

1976年10月，“四人帮”被粉碎。一些受迫害的老干部重新回到领导岗位。对在历次政治运动中处理的案件进行全面复查，对错误案件一律予以平反。

20世纪50年代，永宁县农村对“四类分子”进行批斗、管制

新中国成立初期镇压反革命运动

1950年5月9日，永宁县开始集中力量剿匪。共打死土匪3人，打伤2人，活捉27人，投案自首22人，搜寻出隐藏土匪113人，其中匪首9人。尔后，匪患在全县绝迹。

1950年9月1日，县政法部门经过对有各类问题的3552人进行摸底调查取证，初定278人为镇反对象。根据政务院、全国最高人民法院《关于镇压反革命运动的指示》，县政府遵照“镇压与宽大相结合”，“首恶者必办，协从者不问，立功者受奖”的政策，听取群众意见，反复核实排查，决定278人中152人为镇反、打击、处理对象。除3人外逃外，149人分别受到刑事、管制处理。其中，判处死刑的12人，判处无期徒刑的4人，判处有期徒刑的24人，其余当场释放，交群众劳动管制。全县镇压反革命运动于1951年6月结束。

1955年8月26日，中共甘肃省委印发《关于逮捕反革命分子和各类犯罪分子政策界限的规定》。1955年9月3日，全县肃清反革命分子工作开始。县公安局掌握的专政对象464人，确定打击对象60人。

1959年8月，养和公社养和大队的民兵日夜守卫在麦场上

（注：1941年4月1日，永宁置县，县治杨和改为养和，1982年，全县地名普查，将养和恢复原名杨和）

1955年3月10日，县法院公开宣判残杀妇女的犯罪分子朱殿荣

永宁人民对抗美援朝的贡献

永宁县有1000多名青年志愿参加中国人民志愿军，46名永宁籍官兵在朝鲜战场牺牲。

1951年2月22日在永宁县民主妇女联合会第二届代表大会上，永宁县开始在全县宣传抗美援朝。1951年3月15日，县政府举办各乡治安主任训练班，历时10天，宣传抗美援朝。各乡建立农村宣传队，共有队员110人。1951年4月6日，县委召开各区委书记联系会议，部署抗美援朝任务。1951年5月1日，全县以区为单位进行大规模的抗美援朝示威游行。1951年6月1日，教育部、团中央、中央广播局、中国抗美援朝总会表彰永宁县杨和完小王银、杨秀贞等40名儿童为24户军烈属做好事的事迹。1951年6月23日，永宁县第五届各族各界人民代表大会第一次会议召开，会议听取、讨论县委书记路思温做的《关于开展抗美援朝捐献运动，镇反肃反工作的报告》。会议期间，代表自愿捐款（旧币）229.96万元，粮食450斤，牛5头、马1匹、羊20只。1951年9月20日，全县妇女大力支援抗美援朝，自愿捐献129.98万元（旧币）。1951年11月25日，全县抗美援朝自愿捐款捐物共折款7亿元（旧币）。

永宁县人民捐献的抗美援朝物资

1952年，永宁县妇女们为志愿军缝制军服

新生人民政权

永宁县首届人民代表大会第二次会议

1955年3月27日，永宁县第一届人民代表大会第二次会议召开，历时4天。应出席代表66人，实际出席50人。史俊英传达甘肃省首届人民代表大会第二次会议精神，会议听取、审议和通过了郭怀仁做的《1954年政府工作报告和1955年工作安排意见》、财政科副科长马延卿做的《关于永宁县1954年财政决算和1955年财政预算的报告》、宣传部长白秀皋做的《关于开展反对使用原子武器签名运动情况的报告》。大会收到提案81件。夏雨初当选为永宁县政府县长，刘廷杰、赵贵书当选为副县长，选举阎振民为永宁县人民法院院长。选举产生县人民委员会委员16人。

1955年3月29日，永宁县首届人民代表大会第二次会议全体代表合影

1955年3月27日，中共永宁县委员会欢送史俊英书记、欢迎夏雨初县长合影

1955年5月5日，县人民委员会白鸽队全体篮球、排球队员参加五四青年节纪念活动合影

仁存古渡

20世纪50年代的仁存渡口

仁存古渡

仁存渡口位于李俊镇滨河处，是宁夏平原第一渡。

仁存渡口水上运输兴起于北魏。公元446年，魏太武帝拓跋焘下诏，命令薄骨律镇守将刁雍将河西历年屯垦积存的粮食运往今内蒙古五原一带。这年冬天，刁雍下令造船200艘运粮，仁存渡口就负责将今永宁县南部、青铜峡一带搜集到的粮食装上船运走，这也是仁存渡口发挥宁夏平原水运码头作用的开端。

公元1038年，仁存渡口作为兴庆府连接灵州及出西夏前往宋朝境内的主要水上码头。1137年，任德敬将自己17岁的女儿进献给西夏乾顺皇帝，并贿赂朝中大臣。公元1138年，乾顺册立任氏为皇后，任德敬因此被提拔为靠近西夏都城的静州的防御使，当时的静州就在今永宁县境内。任德敬就曾对仁存渡口多次修建，使之成为西夏时期的著名渡口。

1933年，宁夏开通银川到灵武的公路，仁存渡口告别单一渡人变成了汽车过往的渡口。1940年，渡口有民船10艘。由于银川到灵武的公路延伸，宁夏和甘肃、陕西之间的过往车辆都在仁存渡口渡河。

1949年9月23日，仁存渡口迎来了解放军，银川解放。

1970年，上游叶盛黄河大桥建成，仁存渡口退出历史舞台。

新中国成立初，永宁县仁存渡口渡河的羊皮筏子和船工

1954—1956年的永宁县黑泉湖临时机场。图右为永宁县人民委员会县长夏雨初，左为副县长赵贵书

20世纪50—70年代永宁县的交通

永宁，历为边陲重地，屯兵之处，通衢节点。踞通陕西连甘肃达内蒙古之要冲。古有大车道和黄河水道贯通南北。民国包兰公路建成通车永宁是必经之地。

新中国成立初期，一改过去乡村道路靠“善人做善事，修桥补路积阴德”的道德力量实现的状况，永宁县动员全社会力量，开展乡村道路修整，基本连通通村、通乡、通县的乡村大路，解决人民走出村、队基本要求。20世纪50年代后期，小胶车、大胶车、拖拉机的出现，人民对公路的需求日渐增强。20世纪70年代，大规模平田整地，永宁县开始规划、建设全县乡村公路，许黄、望通、观平、永黄乡村公路相继通车，实现社社、村村公路相通。特别是1958年包兰铁路通车，永宁县的陆路交通网初见雏形。1976年，交通部开展县、乡、村公路建设检查评比，永宁县获西北组第一名。

1958年10月通车的包兰铁路经过永宁县二十二公里，黄羊滩、平吉堡两车站。20世纪60年代火车通过永宁

1958年10月通车的包兰铁路永宁县境内的黄羊滩车站

“三大改造”

1955年6月，永宁县私营工商业和私营手工业的社会主义改造全面展开。1955年11月27日，永宁县手工业社会主义改造指导小组成立。1956年，永宁县创建高级社26个，入社农户达15677户，占全县农户的96.6%。同年10月，永宁县手工业合作联社成立时，全县有六社一组，即木业、铁业、鞋业、服装、理发、综合修理生产合作社与皮麻生产组，92%的手工业者和89.5%的私营工商业者加入了各种生产合作社（组）和合作商店。

“三大改造”的完成，实现由生产资料私有制到生产资料公有制的转变，实现由新民主主义向社会主义的伟大转变，进入全面建设社会主义时期。

1957年9月，县农具厂木工车间利用边角料生产大批椅子

1959年8月，县农具厂除保证农具生产外利用剩料制作铁勺供应市场

1959年9月，县农具厂工人安装铁辕车，支援农业生产

干部下放

1958年4月6日，县委印发《关于精简下放干部紧缩机构的工作报告》。自1957年11月至1958年3月底，精简处理干部132名，下放到农业社参加劳动锻炼的31名。

1959年3月30日，县委印发《关于下放干部加强基层领导工作的通知》。县委书记处书记叶芳在职任王太公社党委第一书记，县人委副县长熊焕章在职任望远公社党委第一书记，县人委副县长张玉梁在职任掌政公社党委第一书记，县检察院检察长李贤茂离职任王太公社社长。

1960年7月13日，县委成立永宁县精简干部和安排劳动领导小组。到年底，全县共下放干部282人。

1957年11月，中共银川地委、银川专属干部下放当农民。图为中共银川地委下放干部在永宁县参加劳动

1958年9月19日，永宁县人民公社成立时的群众庆祝游行

人民公社化运动

农村人民公社化运动是党在20世纪50年代后期全面开展社会主义建设中，为探索中国社会主义建设道路所做的一项重大决策。至此，个体农民土地私有制宣告结束。

1958年9月19日，永宁县19个乡合并成立红旗、和平、胜利、星火4个人民公社。将原来的156个行政村划分为23个大队283个生产队，设立4个公社党委，辖25个党总支部167个党支部。

1958年9月19日，永宁县成立红旗、和平、胜利、星火4个人民公社。图为成立庆祝大会

20世纪50—70年代的农业生产

永宁县农业生产资源禀赋优越。

民国时期，由于政治腐败，耕作方法落后，重灌轻排，单产不高，1949年，全县粮食总产量为2311万公斤，单产106公斤。

新中国成立后，实行土地改革，实现了个体农民土地所有制向集体所有制的转变，极大地解放了生产力。全县人民艰苦奋斗，其间，全面整治原有的唐徕、汉延、惠农三大干渠，开挖西干渠和五条排水干沟，健全沟渠配套体系和桥涵洞闸工程。降低地下水位，扩大耕种面积，从根本上改变农业生产条件。其间，推广改良农作物新品种，实现小麦品种四次更新和水稻品种三次更新，促进栽培技术的改革。打破旧的耕作方法。改进轮作制度，推广复种，尤其是推广水稻育苗插秧，小麦套种玉米、甜菜等技术，使粮食产量和农民收入大幅度增长。其间，通过广开肥源，扩大绿肥种植面积，结合秋翻秸秆还田，增施厩肥等措施改善土壤结构，提高土壤肥力。

其间，全县获农业科技进步成果奖20项，其中，部、省级奖4项，厅、市级奖14项。获农业科技推广奖6次，其中，部、省级奖2次。

1949年，永宁县农业总产值为1143万元，1965年达到3363.1万元。1950年到1956年的5年，永宁县农业总产值从最初的1143万元增加到3363.1万元，翻两番。1964年，永宁县被评为西北地区农业战线40面红旗之一，是宁夏唯一一个农业红旗县。1966年、1977年，永宁县2次被评为全国水利先进县，全国商品粮生产基地。这个时期，全县粮食总产量和向国家提供商品粮数量均占宁夏回族自治区首位。

1959年9月5日，养和公社永丰大队第七生产队的社员在压绿肥

20世纪50年代，永宁县群众挖渠劳动场面

1964年4月，永宁县水利部门组织民工在望远公社修建丁字渠节制闸

20世纪50年代的水利建设

新中国成立后，中共永宁县委、永宁县人民政府领导全县人民大规模地兴修水利，对原有唐徕、汉延、惠农、民生等渠进行全面整治，裁弯取直、延伸拓宽渠道。1959年开挖西干渠。这一时期，唐徕、汉延、惠农、民生、西干五渠由南向北流经县境。总长138.5公里，年引水量7.9亿立方米，灌溉着境内55.3万亩农、林、牧地。同时，为解决排水问题，先后开挖第一排水沟、团结沟、中干沟、永清沟、永二干沟和197条支沟，总长630.57公里，年排水量3.19亿立方米。

20世纪50年代，唐徕渠永宁县段上游挡水闸

1959年7月，养和大队的社员用快速割禾器收割小麦

脱粒与收割的农机变化

脱粒机

20世纪50年代末，永宁王太农场试用人力脚踏打稻机。1962年，王太农场购进一台以拖拉机为动力的1100型大型脱粒机。1964年，全县有脚踏打稻机53台，机械动力脱粒机2台。1965年，全县农村通电后，机械动力脱粒机迅速发展。1970年有机械动力脱粒机438台，总动力为4680千瓦。另有人力脱粒机12台。全县麦稻脱粒基本实现机械化。

收割机

1961年，区属国营王太农场引进马拉收割机3台。20世纪70年代引进手扶牵引的割晒机，皆因质量不过关，难以推广。1975年，国营黄羊滩农场、玉泉营农场、王太农场率先使用大型联合收割机，全县有联合收割机5台，总动力为202千瓦。县属农村农作物收割仍主要靠人工挥镰收割。

1959年7月，养和乡养和大队收割小麦

农民喜交爱国粮食

1965年10月，增岗公社金星大队的贫下中农交售公粮

1966年1月，县供销社从外地调运十二行播种机和人力车，支援春耕生产

1959年，望远公社农林牧副渔全面发展，当年全公社小麦亩产430多斤，水稻亩产460多斤，产量超过1958年。图为望远公社杨显大队的社员打场

20世纪50—60年代的粮食生产

1949年，全县粮食种植面积仅21.8万亩，总产量2311万公斤，平均亩产仅105公斤。

新中国成立后，粮食生产得到较快发展。1955年，全县粮食总产量达到4655.5万公斤，平均亩产142公斤。5年的时间，全县粮食总产量翻了一番，亩产递增50%。1958年到1962年，农村盛行“一贫二调”和“共产风”。1961年，全县粮食总产量下降到3355.5万公斤，亩产仅88公斤，为1950年以后历年总产、单产最低的一年。经过1963年至1965年的三年调整，1966年，粮食总产量达到7140.8万公斤，平均亩产169公斤。

其间，增岗公社增岗大队因交售公粮54.5万公斤，人均贡献407公斤，宁夏回族自治区党委奖给汽车1辆。

1959年9月，望远人民公社杨显大队组织600多个劳力和70多辆大车、100多头毛驴，苦战3天，完成46万多斤的购粮任务

1958年“大跃进”期间，永宁县大炼钢铁土炼炉

“大跃进”时期的农业生产与农民生活

1958年5月，中共八大二次会议，通过“鼓足干劲，力争上游，多快好省地建设社会主义”的总路线。“大跃进”运动开始。

1958年10月，县委领导全县人民开始全面经济建设，重视农业生产，兴修水利。由于在经济建设上急于求成，在生产关系变革上急于过渡，掀起“大跃进”“人民公社化”运动和“反右倾”运动。全县19个乡撤去乡的建制，成立望洪、养和、望远、掌政、李俊5个人民公社，实行政社合一，提倡“一大二公”。掀起大规模的全民“大炼钢铁”运动，结果影响农业生产。大办公共食堂，提前进入“共产主义”生活。扩大阶级斗争，开展声势浩大的“反坏人坏事”斗争，全县被打击的党员、干部、群众达1400人，捕押936人。在高指标、高估产、高征购、浮夸风、瞎指挥和“一平二调”、共产风等“左”倾错误的影响下，加上严重的自然灾害，造成三年困难。从1958年到1961年，永宁县农业产值由2386万元降到1575万元，下降33.9%；粮食产量由47155吨降到31105吨，下降34%。为完成任务，社队压低口粮标准，农民严重缺粮，实行低标准、瓜菜代，造成很多人浮肿，各种疾病不断发生。

1958年，永宁县促进农业生产“大跃进”的誓师大会

贫农、下中农协会

1965年6月26日，永宁县第一届贫下中农代表大会召开，历时3天，出席代表252人。会议选举产生永宁县第一届贫下中农协会。

20世纪50年代末60年代初，河南信阳地区因为整风整社的需要，产生了由贫农、下中农组成的社员代表会。中央很快将这个报告转批全党，指出："生产大队成立社员代表会，一切权力归代表会，充分发挥代表会的作用，这是一个很好的经验。对一切的社、队，都有普遍的意义。"中央建议"一切公社和生产大队都应该成立这样的代表会"。即农村贫农、下中农协会。

1972年11月30日，永宁县第二届贫下中农代表大会召开，历时9天。出席会议的贫下中农代表659人，中农列席代表18人，"农业学大寨"代表50人，县机关、厂（场）校负责人66人。会议选举产生永宁县贫下中农协会第二届委员会委员21人，陈光武当选为县贫协主席。

20世纪80年代，全党工作重点转向四个现代化建设，农村贫农、下中农协会撤销。

1965年1月，李俊公社李俊大队贫农、下中农协会筹备委员会成立

“三三四制”

1960年7月9日，中共永宁县委批转县委组织部《关于召开下放干部会议情况及今后意见的报告》。1960年7月13日，县委成立永宁县精简干部和安排劳动领导小组，金树珉任组长，胡林秀任副组长。

1960年8月17日，宁夏区党委批转永宁县委和区党委永宁工作组《关于下放干部、安排好劳动力、大办农业、大办粮食问题的报告》，表扬永宁县精简机构，下放干部、充实基层，实行“三三四制”的做法。

“三三四制”，即30%的干部留机关工作，30%的干部下村蹲点跑面，40%的干部连编制带人员下放到大队、生产队，工资仍按原级别发放。县机关成立11个合署办公室。

1960年，全县共下放干部282人，其中，自治区下放到永宁县基层的32人，永宁县级机关下放到基层的111人，公社机关下放到基层的75人，生产大队级干部下放到基层的64人，下放干部担任基层工作的207人，劳动锻炼的75人，下放干部中科级领导干部19人。

1960年10月，中共永宁县委第一书记郭怀仁（右）召集县委和人委的干部，研究人员减少后如何做好机关工作

1960年10月，县组织部干部下放到养和公社养和大队三队。图为下放干部和社员一起挖菜窖

1959年6月，养和公社养和大队总支书记张生贞(右）和团支部书记秦玉英查看小麦生长情况

基层人民政权组织建设

永宁县基层人民政权组织形式变更经历4次。1949年10月—1955年10月为区、乡制，1955年11月—1958年8月为乡制，1958年9月—1983年8月为公社制，1983年后为乡（镇）制。

区人民政府

1949年10月初，永宁县建立基层人民政权，将民国时期的14个乡改划为7个区人民政府，下辖55个村792个组。一区人民政府设养和堡（今杨和镇），二区人民政府设王洪堡（今望洪堡），三区人民政府设许旺堡，四区人民政府设小观桥，五区人民政府张政桥（今银川掌政），六区人民政府设旧满城（今银川满春），七区人民政府设新城（今银川市新城）。1949年10月下旬，将各区人民政府改设为7个区公署（所），为县人民政府的派出机关。辖55个乡人民政府。1955年11月，各区公所撤销。

乡（镇）人民政府

1949年10月，各区人民政府改设为区公署后，成立55个乡人民政府，下辖792个村。1950年2月，设48个乡人民政府，辖202个村。1951年6月，设38个乡人民政府，辖156个村。1955年4月，乡人民政府改称乡人民委员会，将原38个乡合并为19个乡人民政府。

公社革命委员会

1958年9月，全县成立红旗、和平、胜利、星火4个人民公社。1959年依次改名为王太、杨和、望远、掌政人民公社，下辖23个生产大队283个生产队。1968年，陆续成立各公社革命委员会，实行党政一元化领导。1970年11月，掌政公社重新划归银川市，全县有公社8个，辖大队65个，生产队523个。

乡、镇人民政府

1983年9月，全县恢复为乡、镇制。

1959年3月，王太公社建立农村科学研究所，党委书记齐江（中）在田间给群众传播农业科技

县域国营农场始建

20世纪60年代，宁夏国营黄羊滩农场建设初期的土地测量

国营黄羊滩农场

1965年10月，农建13师四团227名干部、职工开进黄羊滩安营扎寨，开始建场创业。1970年3月，兰州军区生产建设兵团接管黄羊滩农场。1974年，黄羊滩农场撤销部队编制，划归宁夏农垦局管辖，更名为宁夏农垦局国营黄羊滩农场。

国营玉泉营农场

1969年3月，中国人民解放军兰州军区84707部队开始生产建设玉泉营农场。1977年部队撤出，同年12月28日，经宁夏回族自治区革命委员会批准，将原部队农场与莲湖农场玉泉营分场合并组建成立国营玉泉营农场，隶属宁夏农垦局管辖。

20世纪60年代，农民撒播水稻

三年困难时期

1960年10月，养和公社养和大队第三小队社员收储胡萝卜

在继续“大跃进”期间，遭到最大破坏的是农业生产，受害最重的是农民。由于“左”倾错误的一再发展，尤其是高估产高征购，甚至连农民的口粮和种子粮也被征走，造成极为严重的恶果。加上严重的自然灾害，农副产品产量急剧下降，人民的吃穿用全面紧张。据后来统计，1959年我国粮食产量仅为16969.2万吨，相当于1954年的水平。1960年粮食产量为14385.7万吨，棉花产量为106.6万吨，均跌落到1951年的水平。油料产量为194.1万吨，比1949年还低。党和人民面临着新中国成立以来最严重的经济困难。这是“大跃进”、人民公社化运动和“反右倾”斗争造成的最严重的后果和教训。

1958年2月1日，中共永宁县委印发《关于发动群众大力解决粮食问题的指示》。各乡摸底排队，调剂粮食，寻找代用食品。

1958年2月24日，为解决个别地区粮食不足，群众中浮肿、死亡现象的发生，自治区决定给永宁县增拨粮食140万斤。

1960年10月22日，自治区党委给中共永宁县委发出指示，口粮标准必须降低，以便明春农忙时能多吃一些保证生产；吃蔬菜要有计划、要安排好；小秋收要抓紧，把撒在地里的粮食都捡回来。此阶段，全县农民口粮绝大多数地区降到每人每天4两粮。

20世纪60年代，胜利公社杨显大队社员挖渠场面

20世纪60年代，农民使用木轮车运输劳作

社会主义劳动竞赛运动

1958年3月10日，中共永宁县委在农村开展社会主义劳动竞赛运动时提出，1958年全县粮食产量跨“黄河”，亩产达到600斤；1961年渡过“长江”，亩产达到800斤。

全县在农村开展“一争”（谁得模范）、“四看”（看生产“大跃进”中多、快、好、省的方针贯彻如何）、“八比”（比先进、比工作、比劲头、比朝气、比志气、比领导、比干劲、比学问）活动。

各社队开展“九比”（比肥料的质量和数量，比精耕细作，比新式农具，比良种、农药的推广使用，比增产计划和措施的贯彻执行，比民主办社的三项措施和勤俭办社的方针贯彻执行，比收益分配中三者利益关系的正确结合，比“三包”制的贯彻执行，比水利建设）。

群众开展“五比”（比勤俭持家、节约粮食，比爱护公共财产、爱畜保畜，比遵守法纪、服从纪律和社队领导，比劳动出勤率和劳动数量质量，比爱国爱社和主人翁的态度）。

20世纪60年代，农村社员们冬季拉粪，小胶车排成长龙

1965年7月，李俊公社魏团大队六小队割小麦

1965年12月，养和公社北全大队大搞农田水利建设，兴修园田

1966年2月，李俊公社西邵大队第三生产队社员抢播小麦

农业战线“红旗县”

1964年12月30日，永宁县被评为“西北地区农业战线40面红旗县”之一，是20世纪60年代全自治区唯一的“红旗县”。

1965年11月21日，永宁县农业生产先进经验交流会召开，历时9天。参加会议的共计404人。1965年，全县粮食总产由上年的4890.1万公斤，上升到6293.5万公斤，产量创新中国成立以来最高水平。全县1/3的大队“过黄河”“跨长江”。

1965年，李俊公社古正1队、魏团5队被自治区评为农业学大寨先进集体，受到表彰奖励。

1965年12月12日，永宁县农业学大寨表彰大会召开。掌政公社孔雀大队、通桥公社下河大队、胜利公社许旺一队等10个单位被评为“农业学大寨先进集体”，县农场毛立筑等人被评为“农业学大寨先进个人”。

1965年12月，养和公社北全大队大搞农田水利建设，兴修园田

20世纪60年代，全县干部社员和驻地解放军筑坝固堤迎战黄河洪峰

社会主义教育运动

社会主义教育运动最初称“四清”运动，重点是在农村进行。1963年2月中央工作会议确定在农村开展以“四清”（清理账目、清理仓库、清理财物、清理工分）为主要内容的社会主义教育运动。1964年底至1965年1月，中央政治局召开会议，把“四清”规定为清政治、清经济、清组织、清思想。

1964年11月12日，中共宁夏回族自治区永宁县社教工作团开始下农村。永宁县社教工作总团共有3780人，其中，脱产干部3244人，大专院校应届毕业生259人，农村积极分子277人。脱产干部中，自治区厅级以上干部52人，县处级干部218人，科级干部344人。总团驻县城，各公社驻分团，各大队驻工作队，各生产队驻工作组。每个生产队一般有脱产干部4人，多的6人，少的2人；城镇机关企事业单位平均6人配备社教工作干部1人。

1965年11月11日，县社教总团在杨和完小广场召开“四清”运动动员万人大会

1965年6月，望洪公社西和大队工作组干部劳动间隙为群众讲解《愚公移山》

1965年3月，养和公社王太七队贫下中农小组研究春播

1965年，银川市社教干部进驻永宁县开展社会主义宣教，受到欢迎

1962年1月26日，永宁县县委召开全县宣传工作会议，学习中共中央关于开展社会主义教育的指示等文件，对永宁县参加社会主义教育的干部进行培训。1962年2月19日，县委印发《关于进一步深入开展社会主义教育的通知》。

1963年7月29日，中共永宁县委做出《关于社会主义教育在通桥公社下河大队试点工作的计划》，全县抽调干部35名在县上集训6天后下到社教试点。1963年8月，在全县8个公社分三批开展社会主义教育运动。1963年11月4日，全县其余8个公社分4批开展社会主义教育运动。1964年8月20日，永宁县社会主义教育运动结束。

1965年，银川市社教干部在永宁县仁存公社开展社会主义宣教

全区第二次贫农下中农代表大会

1966年3月，宁夏回族自治区第二次贫农下中农代表大会和农业先进集体、先进生产者代表大会召开，会议号召广大贫下中农高举毛泽东思想伟大旗帜，永远突出政治，贯彻执行社会主义建设总路线，充分发挥贫下中农的骨干作用，团结广大群众，坚决把社会主义教育运动进行到底。

永宁县贫下中农代表、先进生产者代表章维明，县委领导陈光武等参加大会。

1966年4月4日，永宁县委召开常委扩大会议，会议传达自治区第二次贫代会和农业先代会精神和自治区党委书记杨静仁的指示。陈光武就贯彻会议精神要求改变作风，下到生产一线，县委只留五个人抓面上的工作。

1966年3月，在自治区第二次贫代会上，自治区党委书记杨静仁与永宁县农民章维明握手

1966年3月，养和公社北全大队政治指导员章维明（左一）与社员交流学习毛主席著作体会

1966年3月，在自治区第二次贫下中农代表大会上，永宁县妇女代表一起学习毛主席著作

1966年3月，出席自治区第二次贫代会的掌政公社掌政大队第六生产队74岁的贫农陶明（右）与章维明一起学习毛主席著作

向焦裕禄学习

1964年5月14日，河南省兰考县焦裕禄被肝癌夺去了生命，年仅42岁。

1966年2月，新华社播发长篇通讯《县委书记的好榜样——焦裕禄》，介绍焦裕禄的事迹。全国掀起学习焦裕禄事迹的热潮。

1966年2月14日，县委传达自治区党委《关于组织全体干部向焦裕禄同志学习的通知》，号召全体党员干部，特别是县以上领导干部，向焦裕禄同志学习。

1966年2月16日，县委召开农村政治工作座谈会，县委副书记陈光武、各公社党委书记、县直各部门负责人、农村党支部代表等出席会议。与会人员座谈活学活用毛主席著作的经验，用焦裕禄同志事迹教育党员干部，抓好各项工作和生产。

1966年4月4日，县委召开常委扩大会议，要把大鼓干劲和科学态度结合起来，要珍惜群众的干劲；向焦裕禄同志学习，抓好全县农业生产和当下植树造林工作。

1966年2月，参加中共永宁县委常委扩大会的干部学习焦裕禄同志的事迹

1965年9月，李俊公社西邵大队党支部书记龙福兴（前）和社员一起战斗在水利工地上

20世纪60年代，县广播站工作人员在播音室合影

永宁广播起始

新中国成立后，中共中央于1950年发出《关于建立收音网的决定》。同年6月，永宁选派1人参加宁夏省委宣传部举办的收音员培训班。培训班后，宁夏省电台分配1部5042型直流超外差式收音机给永宁县。9月，永宁县收音站成立，配备专职收音员1人，每天按时收听和抄录中央人民广播电台的重要消息，再编辑成《新闻小报》，发到机关、学校、工厂、农村。为了让农村群众能及时收听到新闻，收音员每晚肩挑或用驴驮收音机走乡串村，分片组织群众收听。1951年，县人民政府分别给二区（望洪）、三区（望远）、四区（新城区）、五区（掌政）购置收音机各1台，成立4个区收音站。1953年，县文化馆、中苏友好协会也先后建立了收音站。至此，全县基本实现了县、区两级收音机网。

1956年8月1日，永宁县广播站正式建成，站址在县城原玉皇阁西侧。1969年3月，县广播站改称毛泽东思想宣传站。1974年3月，恢复原名。

早期幼儿教育

1952年，杨和完小附设幼儿班，为永宁县幼儿教育之始。1954年，在县城建立幼儿园，有幼儿教师3名，当年招收3个班，有幼儿90名。1960年，县幼儿园被评为宁夏文教群英会先进集体。同年6月，永宁县幼儿园园长王恕媛被评为全国幼教先进工作者，出席在北京召开的全国文教群英会。1961年，县幼儿园在校幼儿130人，幼儿教师4人。1968年，宁夏农学院建立幼儿园。

1956年4月，永宁县开始培训保育员，此后一些生产队办起托儿所

1960年5月，县幼儿园的小朋友们玩滑梯

1960年5月，县幼儿园儿童正在做泥活

县中等农业技术学校

1958年教育改革，各地办了很多半工半读、半农半读的学校。1959年以后，由于经济困难，同时由于对这种新型学校的意义估计不足，许多半工半读、半农半读的学校大批取消。

1958年，永宁县筹办中等农业技术学校，1960年开始招生，首届招生60人，2个教学班，教职工6人，1961年停办。其间，永宁县相继创办杨和初级农业中学、县农业中学、永宁县农业机械化学校。永宁县农业机械化学校办学时间最长，直到20世纪80年代初停办。

1959年7月，永宁农业学校学生在麦田选种

1966年2月，县农业中学招收贫下中农子弟进校培育。图为学校二年级第十二班的学生给果树刷白

1966年2月，县农业中学一年级第十三班学生复习植物学课程

1965年5月，养和公社选拔一批贫下中农知识青年开展会计员培训

1959年6月，养和小学的学生在田间帮助公社拔草

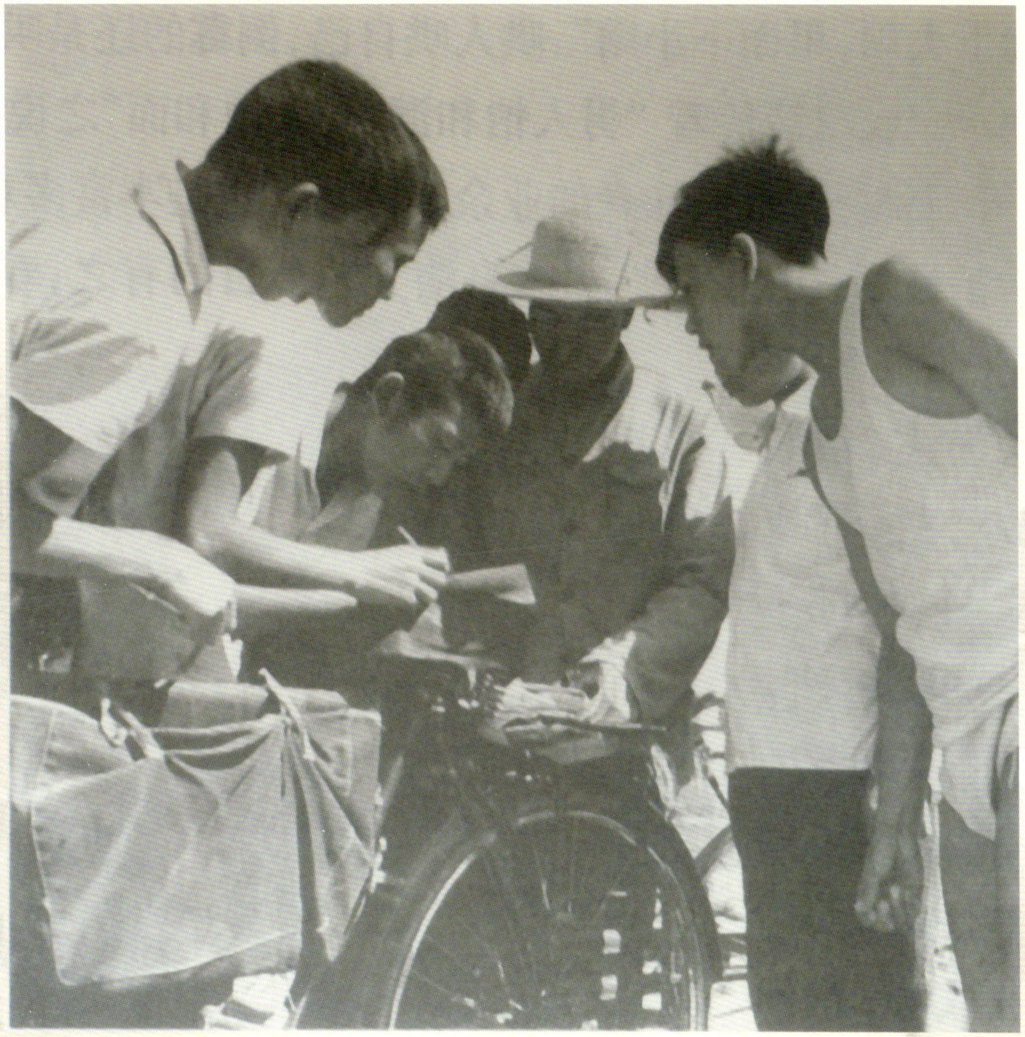

20世纪60年代，县乡邮员南新亮到胜利公社杨显一队送信

早期邮政及邮路建设

1950年6月26日，县城杨和堡始设邮亭1个。同年8月，成立永宁县电信营业所。1952年7月20日，成立永宁县邮政营业处，下设大观桥、掌政桥、望远桥、望洪堡5个代办所。1954年成立永宁县邮电局，隶属银川市邮电局、永宁县人民政府双重领导。1958年，永宁县邮电局下设平吉堡、望洪堡、望远桥、掌政桥4个邮电所。1968年2月，成立永宁县邮电局革命委员会，属永宁县革命委员会领导。1969年12月4日，邮电体制改革，分为永宁县邮政局，属永宁县革命委员会领导、永宁县电信局属县委、县人民武装部领导。

1951年，开通养和堡至大观桥、望远桥、掌政桥、通贵堡、望洪堡徒步邮路5条，全长89公里。1954年，改徒步邮递为自行车邮递，共开辟邮路28条，全长116.4公里，途经28个乡。1955年，杨和至增岗、通贵当日邮路1条，全长98公里，有间日乡邮路2条，长110公里。1956年，有当日乡邮路3条，杨和至通贵间日自行车邮路1条。1957年，开通杨和至平吉堡自行车日邮路1条；银川经永宁、吴忠、中宁至兰州汽车邮路首次开通。1958年，又开设掌政桥至银川自行车日邮路1条。50年代末，全县邮路总长380公里，邮件当日能投递到公社、大队。

20世纪60年代，永宁农村青年赶着牛车进县城

活跃的文艺演出

新中国成立初，永宁文艺演出活动，是在解放军19兵团的宣传、指导下开展起来的。当时，学校是文艺活动的中心。

1950年，杨和完小师生首先织织起立宣传队，课余排练歌剧《王秀兰》《破镜重圆》。眉户剧《一贯害人道》，秦腔《保卫村政权》，小戏剧《兄妹开荒》《小放牛》等，受到群众的欢迎。在杨和完小文艺演出队的带动下，各学校组织文艺演出活动蔚然成风，纳户小学、杨和乡小学等尤为活跃。1955年，28个农业合作社全部办起小剧团。

1956年正月，在县城杨和堡举办永宁县首次农村业余剧团汇演，参加汇演的有20个乡的剧团，8个社的文艺演出队，300余人。演出剧目有《新路》等40多个。汇演中，崭露头角的女演员冯秀英被甘肃省秦腔剧团选走，姬兰英被甘肃省歌舞剧团选走，姬兰英后来还参加了电影《啊！祖国，我的母亲》的拍摄。

1958年，掀起自编自演文艺节目高潮。1966年1月，在县城举办第二次农村业余文艺汇演，掌政公社演出的秦腔《抢渡》获创作奖。1966年1月，在县城举办第二次农村业余文艺汇演，眉户剧《卖猪》获创作奖。

1974年7月，在银川举办自治区群众文艺调演，永宁派出30人的文艺宣传队参加演出。杨仁山、樊小多、张扬扬、李家军创作的歌剧《育秧新歌》获创作奖。

20世纪60年代，养和公社红星大队青年社员自编自演节目给群众带来欢笑

20世纪70年代，樊小多和马玲玲演出的现代歌剧《育秧新歌》

20世纪60年代，养和公社旺全七队的一场篮球比赛

1965年，杭州一中高中毕业生高发根、马吉明、景传宗发电报给宁夏回族自治区副主席马玉槐，坚决要求到永宁县插队落户。后来，他们被批准落户永宁县胜利公社胜利十一队

知识青年上山下乡

1956年10月25日，中共中央政治局关于《1956年到1967年全国农业发展纲要(修正草案)》的文件中，第一次提出知识青年上山下乡的这个概念。

上山下乡始于1955年，北京青年杨华、李秉衡等人向共青团北京市委提出到边疆垦荒的要求，11月获得北京市团委的批准与鼓励。随后引起城市知识青年到农村和边疆垦荒的热潮。毛主席发出“农村是一个广阔的天地，到那里是可以大有作为的”，“知识青年到农村去，接受贫下中农的再教育，很有必要”的指示，中国开始组织大量城市“知识青年”离开城市，到农村劳动、定居的群众运动。

仅1975年，永宁县共接收下乡知识青年1492人。

杭州四中学生叶茵（左）、孙淑仪，初中毕业咬破手指写血书，要求来永宁县插队落户。最终她俩落户永宁县农场

知识青年集中下乡插队三个阶段

第一阶段（1968—1969年），这个阶段主要将大部分“老三届”毕业生分配到农村、边疆。这个时期，全国各地组建了许多生产建设兵团，有一大批知青到这些生产建设兵团参加屯垦。1968年底，中苏关系对立，各地组建了以知青为主要成员的大量生产建设兵团。全国成立12个生产建设兵团及3个农垦师。

第二阶段（1970—1973年），知识青年上山下乡人数锐减。出现这种情况的原因是经济过热，全国出现职工队伍的迅速膨胀，使应届初、高中毕业生大部分留城，一部分在乡知识青年也通过招工回城。

第三阶段(1974—1976年),1973年1月全国计划工作会议提出采取经济紧缩政策，严格控制职工总数的增长。城市中学毕业生的出路，又开始以上山下乡为主。1977年是最后一批下放知青。

1965年9月7日，启程来宁夏永宁的杭州知青和家长在车站合影

1965年9月6日，杭州各界群众2000多人欢送知识青年远赴祖国西北的宁夏永宁

1965年，护送知青到永宁县的杭州市团委干部陈寅（左一）在列车上向知青讲述自己下乡的体会

1965年9月，落户养和公社红星大队知识青年在当天的欢迎会上表演大合唱《社会主义好》

1965年9月,养和公社红星大队欢迎杭州知青现场

1965年9月15日，杭州知青来到永宁县受到社员们夹道欢迎

1966年春节，县委书记史玉林（左二）、杭州知青中学代表尹俊萼(左一)慰问北全大队第八生产队知青们

1965年12月，县委副书记陈光武在县农场看望知青

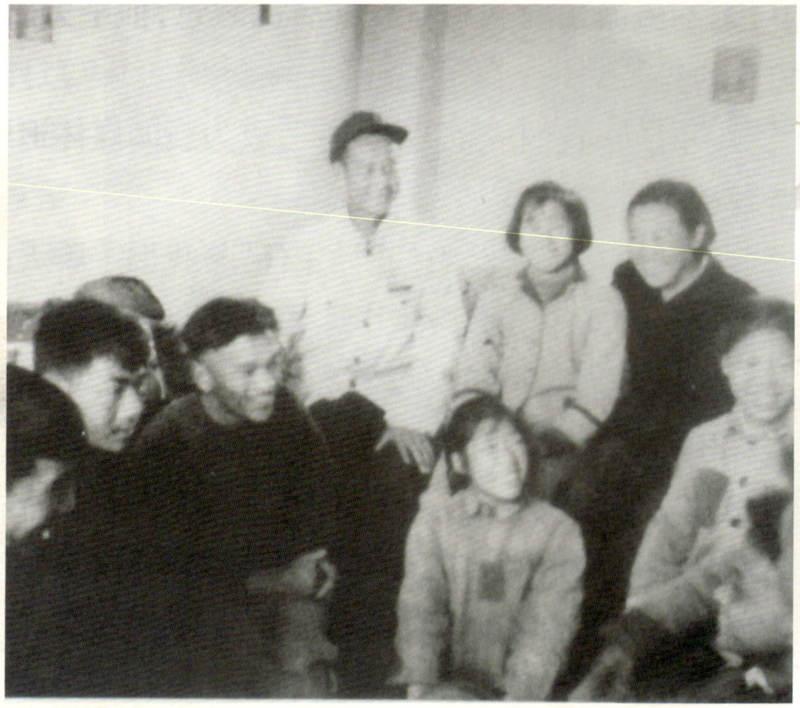

1968年，县委书记史玉林(后中)在炕头倾听增岗公社新华二队知青们讲述下乡生活感受

1965年10月，胜利公社贫下中农协会主席李文玉给知识青年传授镰刀使用方法

知青接受贫下中农再教育

1968年12月22日，《人民日报》传达毛泽东主席的指示："知识青年到农村去，接受贫下中农的再教育，很有必要。"各地立即掀起了知识青年上山下乡的热潮。20世纪60—70年代，上山下乡的知识青年达1600多万人。自此，知青下乡的主要任务由在"广阔天地"里"大有作为"转变为"接受贫下中农再教育"运动。

"知识青年到农村去，接受贫下中农再教育，很有必要"和"广阔天地炼红心"是这场运动的典型口号。

1965年9月，胜利公社胜利十队老贫农雷明向落户杭州知青介绍生产队里的情况

在渠边洗衣服的女知青

本县下乡知识青年

1968年8月24日，永宁县革命委员会做出《关于切实做好知识青年下乡工作的安排意见》，决定1966年、1967年本县高、初中毕业生一律到农村安家落户。8月29日，欢送各中学1966年、1967年两届初、高中毕业生回乡、下乡到农村插队落户。自治区革委会向下乡知识青年赠送《毛泽东选集》1套，毛主席像章1枚。

增岗公社新华十二队知青与贫协组长魏杰贤交谈

1972年，银川市欢送知识青年去永宁下乡插队的欢送场面

1968年10月1日，增岗公社新华一队杭州知青欢度国庆时合影

1971年5月，知青吴宣文（左一）被评为永宁县劳动模范

知青的贡献

知识青年到农村、边疆去，在艰苦的环境中经受了锻炼，用自己的宝贵年华为改造祖国的农村面貌做出贡献。他们参加新中国建设和发展的伟大实践。他们用宝贵的青春年华，孜孜不倦地求索、创造、付出，在农村这个广阔天地，谱写出了新中国新一代艰苦拼搏、执着奋进、敢于担当、为国分忧、无私奉献的篇章。

插队永宁的杭州知青裘志新，钻研小麦育种技术，培育的“永良四号”春小麦良种，累计在中国各大区推广1亿亩，为农民增产50亿公斤，增收50亿元。裘志新被评为全国劳动模范和全国人大代表。插队永宁的杭州女知青汪则民潜心教育，桃李满天下，被评为全国模范班主任。插队永宁的杭州知青项宗西自学三个大学玻璃专业的教材，结合生产工艺搞革新，把永宁县一个生产墨水瓶的小厂建成宁夏回族自治区大型平板玻璃制造厂，被评为自治区劳动模范和有突出贡献的科技人员。他先后任永宁县副县长、银川市副市长、自治区计委主任、自治区副主席、自治区政协主席。杭州知青吴宣文，从插队永宁知青成长为永宁县县委书记。

20世纪80年代，一大批回杭及浙江各地的杭州知青，开始第二次、第三次创业。杭州知青周立伟，从捆运图书工做起，成为浙江新华书店总经理，他创造的产权多元化的集团化扩张连锁经营模式，被中宣部树立为典型，向全国推广。杭州知青洪致平从小学教师做起，成为民办浙江省育英职业技术学院党委书记、院长。

1976年3月27日，出席永宁县知识青年积极分子部分人员合影

1974年8月，望洪公社出席银川市知识青年积极分子代表大会人员合影

民兵装备

1949—1957年，民兵的武器装备主要是步枪、土枪、土炮、大刀长矛等，武器由民兵个人保管，县武装部登记、统计、检查。1958年，武器更新，配备有步枪、轻重机枪、迫击炮。步机枪由民兵个人保管，重机枪、迫击炮由县武装部集中保管。1961年后，民兵武器再次更新。配发国产的七六二式步骑枪和半自动、全自动步枪、五〇式冲锋枪，七六二式轻重机枪、高射机枪、迫击炮、无后座力炮、五七防坦克炮、火焰喷射器，手榴弹、地雷等。1967年10月，民兵武器收回，上交宁夏军区保管。1969年，根据战备需要，组建县值班民兵团，武器又发到民兵手中。

20世纪70年代，民兵实操高射机枪

20世纪70年代，农村民兵在田间劳动间隙读报

20世纪70年代，民兵在地头政治学习

20世纪70年代，女民兵苦练杀敌本领

20世纪70年代，民兵田间练习射击

民兵师建设

新中国成立后，为维持社会治安，在建设人民政权的同时吸收贫苦家庭出身的男女青壮年组成自卫军，全县共吸收自卫军1536人。1951年，自卫军改为民兵。1952年11月28日，国务院颁布的《中华人民共和国民兵组织暂行条例》规定：凡年满18—40岁的男性公民，身无残疾或精神病患者，都有参加民兵的权利和义务。

1952年冬，全县完成组建5个营、38个连，编入基干团的民兵1244人。1958年，毛泽东主席发出“全民皆兵”“大办民兵师”的号召。1959年，永宁县组建民兵师1个，编入4个团，有民兵2.31万人，占总人口的27.4%。1964年，整顿民兵组织，全县建民兵师1个，编入9个团，有民兵2.69万人，占总人口的43.3%。

1981年，撤销县民兵师的建制。

20世纪70年代，永宁县民兵师武装基干团

民兵的贡献

新中国成立初期，全县出动民兵1.4万人次，协助公安机关取缔一贯道、瑶池道等反动会道门，侦破各种案件1000多起，抓获各种犯罪分子3409人，破获夺枪投匪反革命案，“贺兰游击军”反革命组织案。1949—1985年，全县出动民兵8.37万人次，投工4399万个，共移动土方3982万立方米，修建桥梁涵洞76座，平田整地22万亩。全县涌现出大批民兵先进集体和个人，东和村民兵排长强文孝、北全村民兵张宁生先后在1972年和1974年的抗洪救灾中，献出了宝贵的生命。

1979年8月22日，永宁县开展纪念毛泽东“大办民兵师”指示发布21周年

1967年，民兵田间劳动时宣誓

1966年8月，望远公社高桥大队女民兵一起学习

民兵训练

新中国成立初期，全县民兵军事训练以乡为单位，由乡队安排，年度训练总时数不少于56小时。1953年始，每年冬季由乡中队部组织5—7天的军事训练。1958年后，每年15天，民兵由各团、营组织训练，时间不少于120小时。1964年，全县民兵大比武，高桥民兵营获团体总分第一名，涌现出神枪手20名。1964年，选出的尖子民兵代表永宁县民兵师参加自治区大比武，徐伏、王玉霞等12人被选拔参加兰州军区组织的民兵大比武，在对抗赛和对空射击中取得优异成绩。1969年后，民兵军事训练新增加打坦克、打飞机、打伞兵、防原子、防化学、防细菌、武装泅渡、战地救护、抢修抢运及各专业分队的专业技术训练内容。1975年，银川军分区和县武装部联合组织考核，永宁县民兵师涌现出优秀射手10名、优秀爆破手15名，胜利大队民兵营获得集体优秀奖。

20世纪70年代，胜利公社吴渠大队民兵营女民兵沙场训练

20世纪70年代，永宁县女民兵的飒爽英姿

征兵

新中国成立后的1951年，永宁县参加志愿兵1006人。1955年7月20日，《中华人民共和国兵役法》颁布，将志愿兵役制改为义务兵役制，规定凡年龄在18—45岁的男性公民都有服兵役的义务。

从1955年根据兵役法征兵开始到1985年的30年中，永宁县先后征义务兵22次，共征集服现役的青年2169人，其中，女性13人，少数民族189人。征兵最多一年为1979年，征180人，最少的一年为1963年，征10人。

20世纪70年代，县人武部办公区大门

1974年12月，县人武部领导（右）部队接兵代表（左)就当年新兵交接签字

纪念毛泽东主席横渡长江

1970年7月16日，银川、永宁、吴忠、青铜峡、灵武等五市、县群众在永宁县仁存渡口横渡黄河。

1956年5月31日，63岁的毛泽东第一次在武汉横渡长江，之后四天内，他又三次横渡长江，并挥毫写下了著名的诗词《水调歌头•游泳》。受到毛泽东畅游长江精神的鼓舞，同年6月，武汉举行新中国成立后的首届横渡长江比赛，游程5000米，多达1958人参加，从此，横渡大江、大河的活动在全国广泛开展。

1966年7月16日，毛泽东以他73岁的高龄再次畅游长江。这次畅游长江活动在媒体广泛报道。7月16号也被确定为毛泽东畅游长江纪念日，以后的数年，每到这一天，全国许多地方都会举行横渡江河活动。

1970年7月16日，银川、永宁、吴忠、青铜峡等五市、县群众在永宁县仁存渡口横渡黄河

举办中共中央主席、中央军委主席、全国政协名誉主席毛泽东追悼大会

1976年9月9日，中共中央主席、中央军委主席、全国政协名誉主席毛泽东于0时10分在北京逝世。全县人民陷入极度悲痛之中。9月13日，县委、县革委会决定，参加全国统一组织的伟大导师和领袖毛主席的追悼大会。9月18日下午，全县工、农、兵、学、商、居民、机关干部10640人参加了追悼大会

1977年，开展揭批“四人帮”运动

揭批“四人帮”

1976年10月6日，中共中央政治局采取果断措施，对“四人帮”隔离审查。永宁群众集会游行，庆祝中央粉碎“四人帮”的胜利。

1976年10月，县委举办理论骨干学习班655期，培训骨干2万余人，召开声讨会、批判会398场，有1.44万人在各类大会上发言。

全县开始整顿各级领导班子，解决思想、组织和作风问题。一些在“文化大革命”中受迫害的老干部重新回到了领导岗位，清查“文化大革命”打砸抢事件，平反落实冤假错案，对在历次政治运动中处理的案件进行全面复查，对错误案件一律予以平反。

1978年，青年民兵批判“四人帮”破坏民兵建设的罪行

1977年2月，群众在农田基本建设工地上揭批“四人帮”

收听中国共产党第十一次全国代表大会公报

1977年8月18日，养和公社王太大队老贫农王玉和一家收听党的十一大新闻公报

1977年3月，养和公社红星大队的贫下中农赛诗会

中国共产党第十一次全国代表大会

1977年8月18日，永宁县组织全县干部、群众收听中国共产党第十一次全国代表大会公报。

中国共产党第十一次全国代表大会于1977年8月12日至18日在北京举行，到会的代表1510名，代表全国3500多万名党员。这次大会审议并通过华国锋代表中国共产党中央委员会向大会做的政治报告。听取叶剑英所做的关于修改党章的报告。通过了经过修改的《中国共产党章程》；选举产生了由201名中央委员、132名候补中央委员组成的新一届中央委员会。

大会报告总结了揭批“四人帮”的斗争，宣告历时十年的“文化大革命”已经结束。大会的历史责任是要调动党内外、国内外一切积极因素，团结一切可以团结的力量，为在20世纪内把我国建设成为社会主义现代化强国而奋斗。

县城供排水及供热

供水：新中国成立初，永宁县城仅有水井6眼。1963年，开始修建供机关、工厂自来水设施，开始向少数居民供水。20世纪70年代，部分居民户开始修建压水井自用，多数居民饮用自来水。1985年，永宁县自来水管理站成立，管理自来水深井8眼，水塔6座，日出水量4050吨。

排水：20世纪60年代以前，县城雨季积水主要从排水沟排出，流入黄河。20世纪70年代以后，县城街道整修，埋设排水管道。80年代，埋设排水管道3550米，日排水量2500吨。

供热：县城居民传统的取暖方式以火炕、火炉为主。20世纪70年代后，镇内楼房增多，火炕逐济减少。1975年，开始给部分楼房住户供热。1985年，县城内有锅炉51台，居民住宅开始集中供热。

20世纪70—80年代，县人民政府后院的供水塔

20世纪70年代，县城杨和大街

20世纪70年代县城养和大街上的黑皮柳

李俊村的四棵树

四棵树是位于李俊镇李俊村的四棵银白杨。占地200平方米，其株距、行距均为8米，每棵树四人环抱不及，最高的树高28.8米，直径1.67～1.77米。枝杈横生，浓荫蔽日，生机盎然，苍翠挺拔，苍鹭栖息，覆盖面1亩有余。1982年，经自治区林业专家鉴定，四棵树种植于清雍正年间，是生长了200多年的银白杨。四棵树因古老、传奇而出名。1985年12月4日，“四棵树”被公布为永宁县文物保护单位。

20世纪80年代，当地干部考察四棵大树时环抱银白杨

20世纪70年代，行驶在贺兰山永宁三关口公路上的客运班车和货运卡车

运输工具发展

1949年，全县有铁、木轮车603辆，花轮木车2434辆，畜力乘人轿子车17辆，大胶车4辆。1959年，全县铁、木轮车、花轮木车减为2342辆，大胶车增为109辆，小胶车200辆，汽车2辆。1962年后，笨重的铁、木轮车逐步淘汰，轻便实用的大、小胶车迅速发展，拖拉机逐渐普及，全县共有大胶车240辆，小胶车331辆，拖拉机21台，汽车4辆。1970年，全县共有大胶车970辆，小胶车6056辆，拖拉机增加到86台，载货汽车增加到17辆。手扶拖拉机开始进入农村。1975年，由于农村经济的发展和农业学大寨平田整地的需要，各种运输工具猛增，全县共有大胶车1044辆，小胶车1.18万辆，拖拉机199台，手扶拖拉机178台，载货汽车58辆，载客汽车3辆。

1980年，全县有大胶车1056辆，小胶车1.33万辆，拖拉机313台，手扶拖拉机增为620台，载货汽车152辆，载客汽车21辆，特种专用汽车9辆，汽车挂车2辆，摩托车30辆。

20世纪70年代，永宁农民骡子套车驮运

20世纪80年代，吉普车穿越贺兰山永宁三关口公路

扬水灌溉

永宁县的电力扬水灌溉始于20世纪五十年代，到20世纪80年代，扬水灌溉主要分布在西干渠流域黄羊滩、旱草洼、芦草洼到桑园沟一带，时有扬水站5处。横沟扬水站：扬水泵站始建于1967年，水电部“五七”干校修建，1970年交兰州军区84705部队农场管理使用。1977年转交国营玉泉营农场，扬水站灌溉区域建高干渠5.75公里，浇地6315亩。低干渠9.1公里，浇地1.09万亩。新桥扬水站：位于新桥北西岸100米处，1980年县水电局筹建，时由增岗乡管理使用。黄金玉扬水站：1984年修建，灌地650亩。黄羊滩扬水站：1966年修建，农建十三师筹建，黄羊滩农场使用，灌田3.72万亩。泾源吊庄扬水站：银川铁路“五七”干校筹建，1983年交泾源吊庄使用，灌地1800亩。

20世纪70年代，望洪公社黄河沿岸从黄河提水灌溉

20世纪70年代农田建设

1975年11月16日，永宁县团委印发《全县团员青年立即行动起来，为建设大寨县当好突击队》的号召，全县先后建立青年突击队721个，铁姑娘组346个，科学实验小组和技术革新小组495个，在大搞农田基本建设、实现农田园林化、建设商品粮基地县中发挥了青年突击队作用和骨干力量。1975年9月20日，县委提出“东治黄河西治沙，中间大搞田园化”的号召。1977年，全县大搞农田基本建设，共投入劳力2.5万余人，牲畜7390头，大小车辆7327辆，各种机械96台，共平整机耕田5万余亩，铺垫低洼地5153亩，新开支渠、斗渠91条，新建乡村道路82条，完成配套建筑174座，打机井83眼。1975年，永宁县被评为全国农田水利建设先进县。

20世纪70年代，杨和公社社员农村平田整地场面

1978年，增岗公社组织以公社为单位，统一规划，平田整地

全国农田水利基本建设先进县

由于历代引黄灌溉泥沙沉淀，永宁县境内灌区地貌形成“三梁三槽”地势，即唐徕、汉延、惠农三大干渠沿岸地势较高，离干渠较远地带地势低洼。民国时期，常出现“高田苗旱死，洼地水成渊”的现象。田块高低悬殊，大小不一，沟渠道路弯曲，村庄零乱，碱滩、荒地到处可见。1958年，县上抽调测绘人员对全县农田基本建设进行了全面规划，秋后选择杨和乡北全大队的和平渠为规划试点。同年，参加全区农田水利工作会议的100多名代表到现场观摩，原北全大队党支部书记钱大明介绍了经验。到1965年，全县共整修农沟农渠3460条，平整机耕条田7.2万亩，铺垫低洼地1万亩。1966年，永宁县被评为全国43个农田水利先进县之一，在北京农展馆展出平田整地的模型。当年全县建成机耕条田18万亩。1974年，自治区政府在平罗县召开平田整地现场会。会后，永宁县委决定打破大队界限，重新进行规划。开展以治水改土为中心的农田基本建设工作。新的平田整地以干沟、渠、路为大骨架，重新安排沟渠路庄。此后的几年，每年冬春两季，全县抽调50%的农村劳力，动员机关干部、职工、学校师生投入农田基本建设劳动。1974—1979年，全县每年投入平田整地人数3.1万人，平出机耕田30余万亩。1977年，永宁县再次被评为全国农田水利先进县。1978年在北京农业展览馆展出农田水利基本建设成果。

1978年，全县农田水利基本建设大会战民生渠片区平田整地

20世纪70年代农业生产

1970年10月，望远公社望远桥大队党支部和大队干部和七队社员一起讨论如何学大寨

1974年8月，永宁县仁存公社向阳大队第五生产队的社员们晒枸杞

20世纪70年代，李俊公社社员麦收打场

永宁县第八届人民代表大会第一次会议

1978年1月21日，永宁县第八届人民代表大会第一次会议召开。历时3天，应出席代表350人。县委副书记赵峰森致开幕词，县委书记、县革命委员会主任陈光武做《永宁县革命委员会工作报告》。这次会议是在粉碎和揭批江青反革命集团取得伟大胜利，抓纲治国初见成效的大好形势下召开的。大会选举产生了县革命委员会委员27人，陈光武当选为县革命委员会主任，薛致隆、郭远廷、李华庆、路才、赵文国当选为副主任，白英才当选为永宁县人民法院院长。

1978年1月，永宁县人大第八届代表大会代表合影

宁夏回族自治区成立20周年中央代表团莅临永宁县

1978年10月25日，宁夏银川市各族各界10余万人集会游行，热烈庆祝宁夏回族自治区成立20周年。中央代表团团长乌兰夫讲话，副团长谷牧宣读全国人大常委会、国务院发来的贺电，马玉槐宣读大会给中共中央的致敬电。当日夜，县城杨和街上表演了龙灯、狮子舞，首次燃放节日烟花。

10月30日，在庆祝宁夏回族自治区成立20周年大会期间，中央代表团到永宁县视察工作。代表团一行13人，由全国政协副主席张冲率领，在区、市、县领导人的陪同下，先后视察杨和公社农民家庭、宁夏制药厂、王太实验农场。晚上，中央民族歌舞团在永宁人民会场举行慰问演出。

1978年10月30日，在庆祝宁夏回族自治区成立20周年大会期间，中央代表团到永宁县慰问。图为永宁县杨和公社红星大队农民欢迎中央代表团

1978年10月30日，在庆祝宁夏回族自治区成立20周年大会期间，中央代表团到永宁县慰问。图为永宁县党政领导欢迎中央代表团座谈会

改革开放和社会主义现代化建设新时期

改革开放和社会主义现代化建设新时期

1978年12月，党的十一届三中全会把全党工作的重点转移到社会主义现代化建设上来，开始新中国成立后具有深远意义的伟大历史转折。

1979年，全县开始3年的国民经济调整。农村发展多种经营，鼓励社员开展家庭副业生产。引导农民走农、副、工综合发展的道路。

1980年，全县有373个生产队建立联产计酬生产责任制。同年11月，农村土地联产承包责任制全面铺开。

1984年，全县以增强企业活力为中心工作，简政放权，扩大企业自主权。

1987年，广泛推行承包经营责任制，厂长（经理）负责制。

1992年以来，全县经济建设以转变经济增长方式为重点，开展以改制、调整结构和增进企业效益为中心的经济改革。

20世纪末和新世纪初，全县工业经济以建设现代企业制度为目标，创办工业园区。伊品集团、启元药业、多维药业、建成建材、力成电气、紫金花纸业等一大批规模以上企业入园投入生产，工业经济达到历史最好阶段。

2017年，全县实现地区生产总值130亿元，地方财政一般公共预算收入12.7亿元，城镇居民人均可支配收入29373元，农村居民人均可支配收入12933元，全面小康实现程度由78.6%提升至86.3%。

今日永宁，政治、经济、文化繁荣，社会稳定、民族团结，人民安居乐业。在中华民族伟大复兴的中国梦的历史进程中，永宁人民的脚步更加坚定，永宁人民更加自信。

1980年3月，望远公社党委尊重生产队自主权，公社干部在田间解决春耕生产中存在的问题

联产计酬生产责任制

1980年2月11日，自治区、银川市要求各县、区人民公社落实党的农村经济政策，解放思想、大胆实践、因地制宜地建立各种形式的联产计酬生产责任制。

1980年2月23—24日，永宁县召开县、社、大队三级干部会议。会议传达中共中央〔1980〕8号文件。县革委会副主任路才做《紧急动员起来，全力以赴打好八十年代春播生产第一仗》的讲话，指出贯彻落实中央两个农业文件。

1980年11月11日，永宁县农村土地承包联产责任制全面开始。县委抽调100多名干部到各公社、大队、生产队开展工作。

1978年3月3日，自治区党委、革委会在永宁县召开全区春耕生产现场会。图为自治区领导与永宁县养和公社红星大队社员交谈春播情况

1984年，全县农村第二步改革，扩大生产者的经营自主权，开辟农村商品市场，突破农村经济单一经营，城乡分割的局面。1984年，全县粮食总产量达14741万公斤，达到历史最高水平。1985年，全县粮食总产达到12666万公斤，比1949年增长4.5倍，平均每年递增4.8%，比1978年增长48%。农民人均纯收入482元，比1978人均121.3元增长近3倍，平均每年递增21.8%。

1985年，全县共有乡、村、队个体和联营企业5581个，从业人员1.87万人。乡镇各级企业总收入7760.3万元，比1978年全县各公社、大队、生产队三级农副业总的858.5万元增长8.04倍。1988年春季，全县深化农村改革，与农户签订首轮承包合同书。1989年3月，县人民政府发出了关于《农业承包合同管理实施细则》。1998年1月，县委发出《关于做好稳定、完善土地承包工作的通知》的1号文件。全县本着“大稳定、小调整、增人不增地、减人不减地”的原则，进行土地第二轮再承包，承包期30年。

1982年1月，养和公社养和大队的社员们分红

1980年，增岗公社金星大队人均粮食生产1680斤，年人均收入300元。图为社员分秋粮

1980年，王太七队实行定产到户、责任到人，甜菜获得丰收。图为同年10月，生产队干部在田间验收甜菜

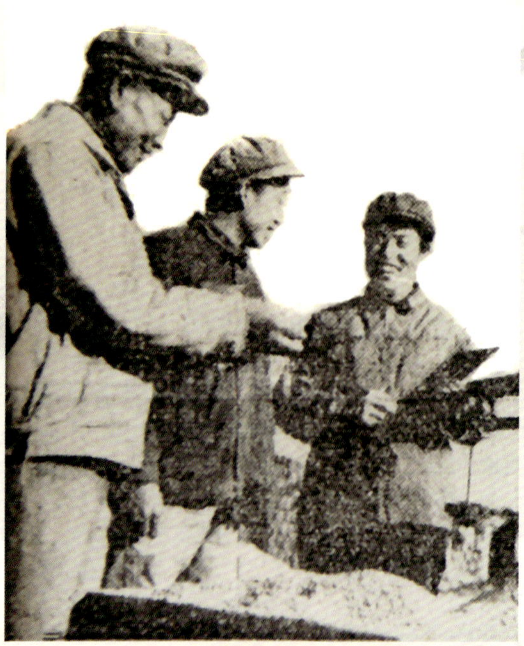

1980年10月，养和公社朝阳八队秋粮丰收。图为社员们正在筛粮、分粮

“丰收更知政策好，幸福念感党恩情。”1984年2月，李俊乡种粮专业户图少平，欢庆丰收，全家贴对联，表达心意

中国人民政治协商会议永宁县第一次会议

1981年1月24日，政协永宁县第一次会议召开，历时6天，出席委员37人。会议听取县委统战部副部长王汉中做的《关于政协筹备工作情况的报告》的报告。通过《政协永宁县第一届委员会第一次会议的政治决议》《关于委员提案的报告》。会议收到委员提案59件，选举产生出县政协常委13人，韩宝森当选为县政协主席，卢玉宝、马光俊、赵一宁当选为副主席，王汉中当选为秘书长。全体政协委员列席永宁县第九届人民代表大会第一次会议。

1981年1月24日，中国人民政治协商会议永宁县首届委员会第一次会议

1981年1月30日，政协永宁县委员会第一届第一次会议委员、当选的县政协领导集体合影

1986年8月，国家计生委主任彭佩云到永宁县通桥乡视察计划生育工作

计划生育

1973年5月9日，永宁县计划生育委员会成立。

1973年5月11日，中共永宁县委批转县计划生育委员会《关于开展计划生育工作的意见》，决定计划生育的药费、手术费、住院费不论工人、农民、干部、城镇居民均可以报销。放环手术假7天，取环假1天，人工流产假15天，女性结扎假25天，男性结扎假7天，人工流产加结扎假30天，产后结扎假70天，怀孕4—7个月引产假30天，怀孕7个月以上引产假56天。休假期间，职工工资照发，农民生产队适当给予工分补贴。

1980年4月28日，县委批转永宁县计划生育领导小组《关于认真搞好计划生育工作的意见》。提出争取3年内把永宁县人口自然增长率下降到1%以下。

1982年6月18日，县政府规定：男25周岁、女23周岁，回族男23周岁、女21周岁结婚为晚婚。

1983年8月27日，自治区、银川市手术队来永宁做计划生育结扎手术，历时3个月，共结扎3622人，这是永宁历史上做妇女输卵管结扎手术最多的一次。

1984年4月3日，县委、县政府印发《关于进一步搞好城镇计划生育工作的补充规定》。凡国家干部、职工、城镇居民，一对夫妇只生育一个孩子，国家干部、职工，凡超生者夫妇双方各降一级工资等。1984年10月25日，县政府规定国家干部、职工，从6月1日起，凡超生者，双方一律开除公职。

1985年，中共宁夏回族自治区党委书记李学智(左二)在永宁县委书记吴宣文（右一）陪同下视察永宁县农村工作

庆祝宁夏回族自治区成立30周年
中央代表团慰问永宁干部群众

1988年9月27日，宁夏回族自治区成立30周年，中央代表团慰问永宁县各界群众。图为慰问团成员与宁夏回族自治区、银川市、永宁县党政领导合影

1980年7月，县委书记蔡竹林（中）在增岗公社金星三队了解作业组生产情况

永宁县第十届人民代表大会第一次会议

1984年1月18日，永宁县第十届人民代表大会第一次会议召开。应出席代表226人，实出席200人。大会听取、审议和通过代理县长赵文国做的《永宁县政府关于国民经济和社会发展第六个五年计划的报告》，财政局局长梁登龙做的《关于1983年财政决算和1984年财政预算安排情况的报告》，副县长杨连清做的《关于永宁县第九届人民代表大会第三次会议代表议案情况的报告》，县人大常委会主任王玺做的《关于县人大常委会的工作报告》，县人民法院副院长马辅国做的《关于永宁县法院的工作报告》，县人民检察院副检察长骆宗汉做的《关于永宁县检察院的工作报告》。大会收到议案172件。王玺当选为县人大常委会主任，滕培林、范治江、高占山、李峰、白廷杰当选为副主任。赵文国当选为县政府县长，杨连清、伍光义、邵汉清、姜生元当选为副县长；沈维国当选为县人民法院院长，蒋守仁当选为县人民检察院检察长。

1984年，时任（左起）县长赵文国、县人大常委会主任王玺、县委书记吴宣文、县人武部政委吴国清、县政协主席韩宝森

1984年1月，永宁县第十届人民代表大会选举的永宁县第十届人民政府县长、副县长与其他县领导合影

中共永宁县第八次党员代表大会

1988年6月10—12日，中共永宁县第八次党员代表大会召开。出席代表170人，列席代表57人。邵汉清代表七届县委做《全面落实十三大精神，进一步深化改革，为振兴永宁团结奋斗》的工作报告，张光荣代表永宁县纪律检查委员会做《端正党风，严肃纪律，保证改革和经济建设顺利进行》的工作报告。大会选举产生中共永宁县第八届委员会委员23人、候补委员4人。选举产生中共永宁县纪律检查委员会委员15人。邵汉清、伍光义、吴国清、刘宗祥、邓兴德、马维龙等8人当选为县委常委；邵汉清当选为县委书记，孙彦明、孔治江当选为县委副书记；选举产生县纪委常委7人，张光荣当选为县纪委书记，杨忠邦、邹成英当选为县纪委副书记。选举出席银川市党代会代表30人。

1988年6月10日，中共永宁县第八次代表大会召开

1985年12月，政协永宁县委员会召开民主党派成员为“四化”建设服务经验交流会

1981年2月，养和公社永丰大队党支部书记马秀珍（中，女）在春耕生产中和社员交谈了解春耕生产

党的组织建设

新中国成立初期，永宁县有14名地下党员，从陕北解放区和部队转入地方党员42名。1950年，各区区委，建立党的支部委员会6个和机关党组1个。1955年，开始建立党的总支部委员会，1958年人民公社化后建立公社党委。

新中国成立初期，全县各级党组织发展党员的重点是干部和工农兵群众。1976年10月，粉碎江青反革命集团后，各级党组织以新党章为标准，将那些不够党员条件的人清除出党，纯洁党的队伍。同时，贯彻执行党的尊重知识、尊重人才的政策，把吸收优秀中青年知识分子和各行各业的生产、工作骨干入党，作为发展党员的重点。1983—1985年，全县共发展新党员539名，其中，具有高中文化程度及大、中专毕业生282名，占52.3%。

1984年11月，李俊镇党委书记邓兴德（左一）到镇敬老院看望新入院的五保老人

1985年，县、乡、村三级党风、党组织整顿

1985年5月21日，党中央决定利用两年时间对党的作风和党的组织进行一次全面整顿。根据自治区党委和银川市委的部署，中共永宁县委决定，在全县范围内分三批进行党的整顿工作。第一批是县级5套班子、党政机关及企事业单位5个党组、3个党委、14个总支部、125个支部的1080名党员；第二批是七乡一镇的企事业单位的390名党员干部；第三批是七乡一镇123个党支部3920名党员。

参加整党的单位共208个，党员5390人，除预备党员外，予以登记的5005人，占92.85%；缓期登记的51人，占0.95%；不予登记的25人，占0.46%；开除出党的8人，占0.15%；准予退党的6人，占0.11%；给予各种党内处分的125人，占1.23%。其中，开除党籍8人，留党察看27人，警告或严重警告87人，撤销党内职务3人。处理面达2.78%，出党面达0.78%。

1985年6月—1987年4月，永宁县开展县、乡、村三级整党工作。图为整党工作领导小组办公室成员

新时期农业机械发展

20世纪80年代初，农村夏粮打场

20世纪80年代，永宁农业机械主要有人力水稻插秧机、水稻点播机、人力液压式榨油机、动力碾米机、动力磨面机、动力脱粒机、饲料粉碎机、机动水稻点播机、农用汽车等。

1985年，全县大中型拖拉机发展到522台，小型拖拉机2230台。有大中型机械农具513件，农业机械化总动力8.86万千瓦。

1990年，全县大中型拖拉机减少到268台，小型拖拉机发展到4500台，水稻插秧机11台，大中型拖拉机配套农具309件，小型拖拉机配套农具2566件，推土机114台，开沟机2台，农机总动力11.42万千瓦。

2001年，农业机械化总动力23.57万千瓦，大中型拖拉机199台，小型拖拉机1.09万台，大中型配套农具292件，小型拖拉机配套农具9840件，机引犁7624件，机引耙1465件，机动水稻插秧机150台，化肥深施机12台，秸秆粉碎还田机11件，排灌动力机械1035台，联合收割机140台，玉米联合收割机3台，饲料粉碎机549台，机动挤奶器3台，农用汽车2957辆，推土机92台，挖掘机3台。是年，引进日产久保田488型高性能半喂入联合收割机2台。

2005年，永宁县开始实施农民购买大型农机政府财政补贴政策，当年购机补贴资金50万元，农民购买大型农业机械82台。是年，全县农民有大型拖拉机1125台，小型拖拉机1.18万台，大中型拖拉机配套农具139件，小型扦拉机配套农具1.55万件，机引犁1.18万台，机耕耙4472台，渔业机械370台、农用汽车5433辆，推土机43台，挖掘机38台。

1981年7月，国营黄羊滩农场的麦田里，一台从西德引进的联合收割机正在收割

20世纪80年代，大包干后农民小麦套玉米地里的收割

从“浪稻”到“插秧”

1958年以前，永宁县水稻全部采用直播方式种植，每亩撒种17公斤左右，俗称“浪稻”。耕作粗放保苗率差，容易形成草荒和植株倒伏，产量低。1958年，永宁县邀请天津老农来永宁传授水稻插秧技术，全县开始推广插秧。1966年，全县推广插秧面积达50%以上。20世纪70年代曾推广旱条播和水点播，省工省力成本低，但产量不及插秧高。

1969年兰州军区司令员皮定钧向宁夏介绍福建省水稻育苗卷秧新方法。采用塑料薄膜保温，下铺上盖，利于卷苗。此法可比水育秧提早30天以上，育苗每亩下种400～500公斤，可插大田30亩左右。永宁县当年示范推广，但因耗费大量薄膜，加之秧苗容易发生青干，未能大面积推广。此后，县农技推广站发明水育旱起，小苗带土保温保湿育秧新技术。此法简便易行，秧苗成活率高，自1973年以来被广泛应用。此后，旱育稀植一直是永宁县水稻种植主要方式。

20世纪80年代，水稻开始插秧式种植

20世纪80年代后期，农民开始机械耙地、耕种

20世纪80年代的农业生产

1989年3月30日，近5000名机关干部到县西部贺兰山脚下的征沙渠灌区挖沟修渠

征沙渠农业综合开发

1989年，永宁县开始实施农业综合开发，开展中低产田改造治理项目51个。征沙渠开发项目是永宁县实施农业综合开发的第一个项目。项目区东接老阶地、南至西干渠、西至征沙渠、北至8号渠。

项目建设砌护新开渠斗渠26条，雷渠、大沙渠等支斗渠15条14.3公里，新建扬水站3座，配套建筑物841座，架设高低线路15公里，打机井20眼。

项目建设中，配置洛阳802型拖拉机10台，农机具33台套。

项目建设开垦荒地2.2万亩，造林2601.8亩。

20世纪80年代末，李俊乡魏团村群众大搞秋冬农田水利建设

20世纪80年代后期，全县开始小麦套种玉米混合种植模式

联产承包责任制后农村畜牧业发展

农村实行联产承包责任制后的1980—1985年，永宁县出现农民养鸡、养牛、养羊、养兔热，畜牧专业户大量出现。1985年，县财政拨出半贴息贷款200万元，用于畜牧业商品生产，给395户畜牧业专业户贷款176.8万元，购买母畜和优良种畜。其间，农民购买奶牛166头，菜牛1250头，猪2025头，羊112万只，驴64头，鸡193万只，兔979只。1985年，全县牧业产值达1178.9万元，年末大牲畜存栏3.21万头，猪存栏4.79万头，羊存栏4.93万只。农村牧业总收入达869.8万元，牧业收入占全县农村经济总收入的6.1%。

1983年，县畜牧业科技推广的兽防技术，冷冻精液配种技术，引进黑猪和长毛兔的饲养技术项目。这些引进、推广分别获自治区、银川市一、二、三、四各等奖项。

1980年，县畜牧局调给养和公社朝阳大队300只奶山羊，帮助社员发展家庭养殖业。图为八队社员纳春发喂养繁殖的羔羊

20世纪80年代，贺兰山小沟口放牧的永宁县养殖大户

1980年冬，胜利公社引进100只长毛兔饲养，取得较好的经济效益

联产承包责任制后的农村副业生产

1981年10月，永宁县社员向银川亚麻厂运售白麻

永宁白麻种植

20世纪前叶，白麻是永宁县农村广泛种植的经济作物。

民国时期的1942年，全县种植面积2140亩，总产量21.4万公斤。

新中国成立后的1950年，全县种植2377亩，总产19万公斤。1952年种植5279亩，总产58.1万公斤，是永宁县白麻种植历史上单产最高的一年。1960年，全县种植面积7837亩，是历史上白麻种植面积最多的一年，却也是历年产最低的一年，全县总产只有26.35万公斤。1970年以后，受“以粮为纲”政策的影响，加之白麻良种和丰产技术研究不足，白麻产量低，用工多，成本高，收购价格低，白麻种植面积逐年下降。1983年只有通桥乡种植3亩，亩产100公斤。1984年后，白麻种植在永宁县绝迹。

20世纪80年代，永宁县长湖村大蒜种植声名远扬。图为长湖村大蒜获得丰收

黄河之患治理

黄河流经永宁县境32.5公里。得黄河灌溉之利，确也深受其桀骜不驯、东西摇摆之害。清光绪二十七年（1901年），养和乡至河西寨一段惠农渠冲断20公里，渠口全废。1940年，黄河在望洪乡南段西侵，时达7年之久，塌毁农田近万亩，村庄数十处，迫使沿岸人民东离西迁。1935年，河水冲毁时宁朔县政府，距包兰公路和惠农渠仅有500米。1938年，宁夏省政府派宁朔县长赵熙敬负责，于光恩为治河主任，摊派民工，拨料款2万银洋。修做草土码头4座，从青铜峡水运石料加固，收效甚微，河患亦重。

1949—1960年，永宁县沿河共塌土地近6万亩，仁存渡至望洪堡，河岸西移500多米，长3.5公里，塌毁林地和农田3万多亩，塌断丰登沟河堤4公里，直抵惠农渠和包兰公路。1967年，东和村冲走良田3000亩，冲毁政权村防护林地5000亩，农田2000亩，塌断防洪堤3公里，冲毁林场防洪堤4公里，冲断民生渠堤600米，逼迫民生渠改道。1976—1979年四年，河岸西移1.5公里，塌毁土地3万亩，冲断防洪堤3公里，冲断民生渠300米。距惠农渠只有250米，逼迫东升五队33户101间房屋搬迁。

20世纪80年代黄河汛期，永宁县千军万马奋战在抗洪一线

20世纪80年代，抗洪护堤固河的农民大军

20世纪80年代，望洪乡草石码头灌桩植树综合治理黄河塌陷工程

专业户

专业户是中国农村实行农业联产承包责任制后发展起来的从事专业化生产和经营的农户。农村在实行以家庭承包为主要形式的联产责任制后，农民积极地发展商品生产，实行分工、分业。专业户是在中国农村由自给半自给经济向较大规模的商品经济转化的基础上出现的。1984年，永宁县有林业专业户413户，重点户168户。1985年人均植树千棵以上的农户369户，户均千株的农户289户。望远乡农民周永与白长富、胜利乡农民任全珍、杨和乡农民李录、李俊镇裴礼等7家农户植树万棵以上。1985年，全县养羊专业户137户，重点户66户；养牛专业户1985年全县养羊专业户137户（重点户66户），养牛专业户81户（重点户36户），养奶牛36户，重点户16户；养猪专业户51户，重点户13户；养鸡专业户55户，重点户26；养鸭、鹅专业户9户，重点户4户；养蜂专业户6户，重点户2户。1980年，永宁养鱼专业户有4户，养殖面积114亩，产鱼2.2吨。1982年发展到142户，养殖面积1322.8亩，产鱼10.7吨。

共产党员、胜利乡胜利村农民运输专业户李智勇，致富不忘乡亲，她义务拉沙子、石子，为大家铺路、修路。连续六年被评为自治区、银川市“三八”红旗手、劳动模范。图为1990年3月李智勇在擦拭运输车辆

仁存乡团结二队社员朱凤英，除搞好粮食生产外，还积极编芦席、养猪，年收入7000多元，受到县上表彰。图为1984年3月朱凤英（左）在编芦席

1984年4月，永宁县举办饲养配种人员学习班。图为农业技术人员评出优良公畜，给种畜饲养户提供服务

粮油加工机械发展

历史上，农民一直沿用畜力、人力推动石碾石磨加工粮食。1959年，永宁全县掀起以“水打磨”为突破口的粮食加工机械改革热潮。到1961年，共有“水打磨”13处，有碾米机4台，磨面机3台，榨油机1架，轧花机5架。1965年，全县农村通电，为粮油加工机械化的实现提供了动力，电动碾米机，磨面机迅猛发展。到1978年，全县有碾米磨面机998台，动力9791千瓦，榨油机44台。碾米机、磨面机迅猛发展。到1978年，全县有碾米磨面机998台，动力9791千瓦，榨油机44台，动力393千瓦，粮油加工全部实现机械化。1983年碾、磨机发展到1164台，动力12431千瓦，达到超饱和程度。

1980年10月，县粮食局试制一台流水槽粮食烘干机，既保证收粮的质量，又节省晒粮的时间。1981年9月，该技术获得粮食部科技成果三等奖

1981年3月，县领导征求农业技术人员对新置农业机械使用的意见

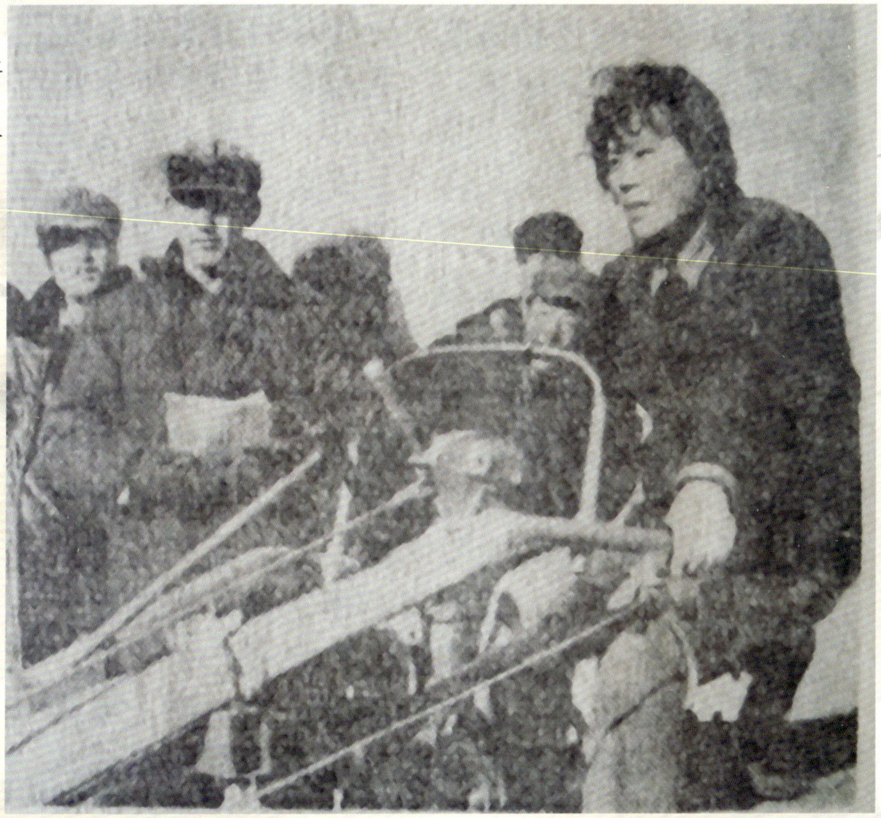

1982年1月，养和公社王太大队女社员钱歉，经过培训，成为永宁县第一个女拖拉机手

县良种繁育场青年技术员徐培培（左）、裘志新，从1972年开始小麦育种工作。图为1980年7月二人在试验田观察良种小麦生长情况

从“永良1号”到“宁春4号”

1977年，县良繁场知识青年裘志新与徐培培等人一起育成了早熟高产春小麦新品种“永良1号”“永良2号”，荣获宁夏科学大会小麦新品种奖。1981年裘志新又育成“宁春4号”小麦新品种，1982年，宁夏推广“宁春4号”小麦良种，亩均增产70公斤，累计增产小麦10.66亿公斤。1983年后，以“宁春4号”为主的16个永良系列小麦在内蒙古、新疆、陕西、广西等6个省区引种推广，增产小麦36亿公斤，增加产值36亿元。1998年，裘志新又育成小麦新品种“永良16号”，以高产、优质、适应性广，每亩均比“宁春4号”增产7.2%。

1980年8月，宁夏农林科学院农作物研究院助理研究员郭德成（左），在永宁县养和公社红星大队蹲点观察京引33水稻孕穗情况

1988年7月，县良种繁育场加快小麦新品种的繁育，当年在鉴定圈种植257个品系进行对比鉴定。图为农技人员对新品种小麦进行观察对比

农业良种推广

民国时期，永宁县农作物种子都是风土训化的地方品种。除杨和白皮稻、王太堡火头高粱和竹叶青谷子3个品种在宁夏比较有名外，其他品种丰产性、抗病性，抗倒伏能力都很差。

1956年，县上成立种子站，各农业社开始重视种子选育。1959年，王太公社农科所成立，西和大队社员李文清培育出小麦王太1号，李文清被誉为农民育种家。1965年，全县做到春播前社队组织妇女集中粒选，社队有计划地组织集体串换。全县实现社有种子队，队有种子田。1973年，县良种繁殖场农业技术员裘志新、徐培培、张廷儒开始小麦杂交育种工作。先后培育出永良1号、2号、3号、4号小麦新品种。永良4号，自治区统一命名为宁春4号。

1982年，县农技推广站农艺师手尹德文在王太农作物所水稻专家王德的指导下，示范杂交水稻制种20亩，当年全县754个定5点，共繁水稻良种1072亩。1983年以后，良种繁殖逐步向专业化、区域化、标准化、机械化、集中供种“四化一供”方向发展，供种率一般占全县种子的20%左右。

县农业技术推广中心主任、高级农艺师杨进宝（右二）三十年间，曾4次获自治区科技成果奖。图为1989年9月，杨进宝在田间和农民交流新品种生长情况

1984年2月，县农科所成功培育凤尾菇等食用菌，促进农民多种经营。图为农科人员观察菌种

1982年，永宁县李俊公社科普协会利用农村集市向群众进行科普宣传

20世纪90年代永宁县村舍、农田、林网鸟瞰

20世纪90年代永宁县村舍、农田、林网鸟瞰

20世纪90年代夏季永宁县农田、渠系、林网建设

20世纪90年代，永宁县农田、渠系、林网建设

中国共产党永宁县委员会

1949年9月28日，中国共产党永宁县委员会书记李沛然到任，领导永宁县委对旧政权的接管工作。10月21日，中共永宁县委员会正式成立，常委会由何光宽、刘俊谦、郭怀仁、王应时、贺满堂5人组成，何广宽任中共永宁县委书记。1953年以前，中共永宁县委成员都是宁夏省委委派任命。1954年后，县委成员由党员代表大会选举产生。1954年3月10日，中共永宁县委员会召开第一届党员代表大会。1959年1月，成立永宁县人民公社联合社，永宁县委改称联社党委。1961年11月，撤销县联社党委，恢复县委。1967年1月，县委被造反派夺权，一度失去领导权。1968年2月，成立永宁县革命委员会，实现党政一元化领导。1970年2月，成立中共永宁县委员会至今。

20世纪80—90年代的永宁县机关大门

20世纪80年代的永宁县法院

20世纪80—90年代的永宁县人武部

北环路街心花园

1985年9月28日，浙江省萧山县、宁夏永宁县友好县纪念雕塑在县城北环路街心花园落成，举行揭幕仪式。塑像的造型为一名回族少女、一名汉族少女，她们面带笑容，手持彩带，紧紧相依，翩翩起舞，表现两县人民友情和对美好前景的向往。造型底座上铭刻两县名称及纳家户清真寺、李俊塔、四棵树等名胜古迹文字介绍。同时，萧山县也落成同样造型的塑像，永宁县派人参加揭幕仪式。

20世纪80年代以后的20多年，街心花园是永宁县城标志性建筑物。

20世纪80年代县城街心花园

20世纪80—90年代，县城电视微波传输塔

1985年9月28日，永宁县与浙江萧山县结为友好县，并在县城街心花园建雕塑纪念

20世纪90年代，县城杨和大街自行车潮

自行车王国时代

改革开放之初，一位西方记者在清晨时分，从上海国际饭店的窗户朝下望去，被浩浩荡荡的自行车潮惊得目瞪口呆。他在发出的电文中，称中国的自行车潮为“世界第八大奇观”。这条电文让北京人看了，也许会颇不以为然，因为当年上海的自行车的数量远远不及北京，上海将近650万辆，而北京已经突破了900万辆。

这个时代的永宁有多少自行车？10多万人口的永宁县，大约有5万辆。

21世纪，中国“自行车王国”的称号开始动摇，中国人不再热衷提起这个称号，因为自行车王国似乎是“落后王国”的别称。自行车的转速已经追赶不上时代的步伐。

20世纪90年代，县城影剧院停车点的自行车

20世纪80年代，永宁县三关口公路吉普车与大轿车行驶相遇。吉普车是县级以上领导的交通工具，大轿车是群众公路出行所依

县城民居小院

这是一张难得的20世纪90年代中后期，县城居民院落居家图。

红砖、瓦顶、木窗。一扇纱网防蝇门，一扇防蝇竹帘，院子红砖铺地。院内三位老人，老汉专注读报，两位老妇，一位身着蓝襟大褂，一位身着大红上衣，大家席地而坐。旁边立着一位少女。

窗台上的两盆花，年轻女子的兰花格裙，无不透出改革开放初期，人们精神世界追求的微妙变化。

这就是那个时代，那些人的家。

20世纪80年代，县城民居小院

20世纪80年代，农民修缮房屋

20世纪90年代，县城镇居民区

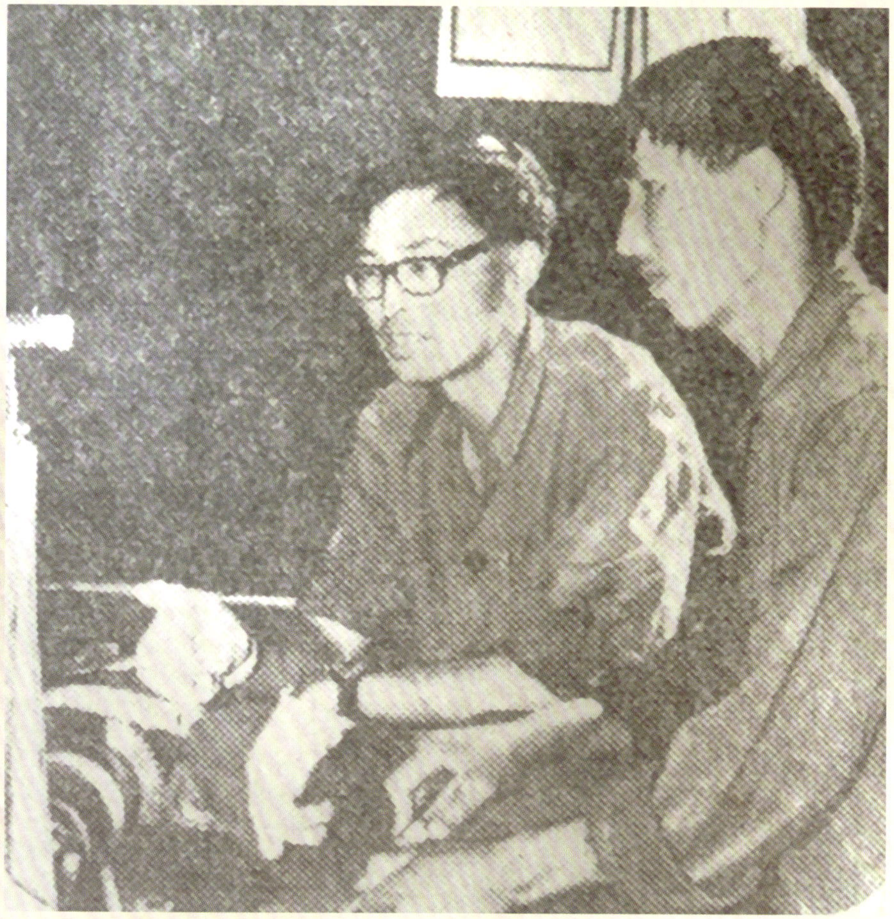

1980年8月，永宁县玻璃厂副厂长项宗西（左）和技术人员一起攻关

宁夏玻璃厂

1971年，永宁县在原鞋业合作社的基础上，建成永宁县玻璃制品厂，生产酒瓶、墨水瓶等玻璃制品。1973年，永宁县玻璃制品厂更名为永宁县医用玻璃制品厂，生产药用玻璃瓶和暖水瓶等。1976年，建成花纹玻璃生产线，改名为永宁县玻璃厂。1977年，建成平板玻璃生产线，有职工170人，固定产139.1万元，当年生产平板玻璃9000箱，压花玻璃5.6万平方米，产值160万元，完成利税23.6万元。1983年，建成无槽垂直引上平板玻璃生产线，职工增至269人，年产平板玻璃12万箱，压花玻璃31.76万平方米，产值250万元，完成利税41万元。1985年企业交自治区建材局管理，更名为宁夏玻璃厂。

1983年12月，永宁县玻璃厂安装余热锅炉，每年可节约煤电费用9万余元

1984年，永宁县玻璃厂通过企业改制，调动职工的积极性。图为职工装运玻璃

20世纪80年代坐落于永宁县城的宁夏玻璃厂

企业承包经营

1984年后，全县工业实行“对外开放，对内搞活”的经济政策，开始以扩大企业生产经营自主权的改革，企业实行经济合同承包责任制。

全县企业对外多渠道开展对外经济技术协作，有11个厂家同上海、浙江、江苏等省、市的企业实行联营生产，有26个厂家引进了技术项目和人才，经济协作项目达45个。

1985年，全县工业有全民企业21家，乡镇属41家。职工全民1.07万人，集体2782人；固定资产原值3331.6万元，净值2508.3万元，工业总产值6617.3万元，占国民生产总值的70.1%，企业创造利润357万元，上缴税金248.3万元。主要产品有玻璃、油桶、人造革、箱包、木螺钉、煤、化肥等100多个品种。味精、牛奶豆乳粉等品种在全国首届食品博览会上获奖，畅销国内外。有4家企业被评为自治区二级企业。

1987年，县印刷厂总结大会

1984年9月，县玛钢配件厂生产的木螺钉达到国家标准。图为承包经营者王锦椿和王锦槐

1984年9月，县木钉厂实行经济责任制产品质量明显提高。图为工人检验产品

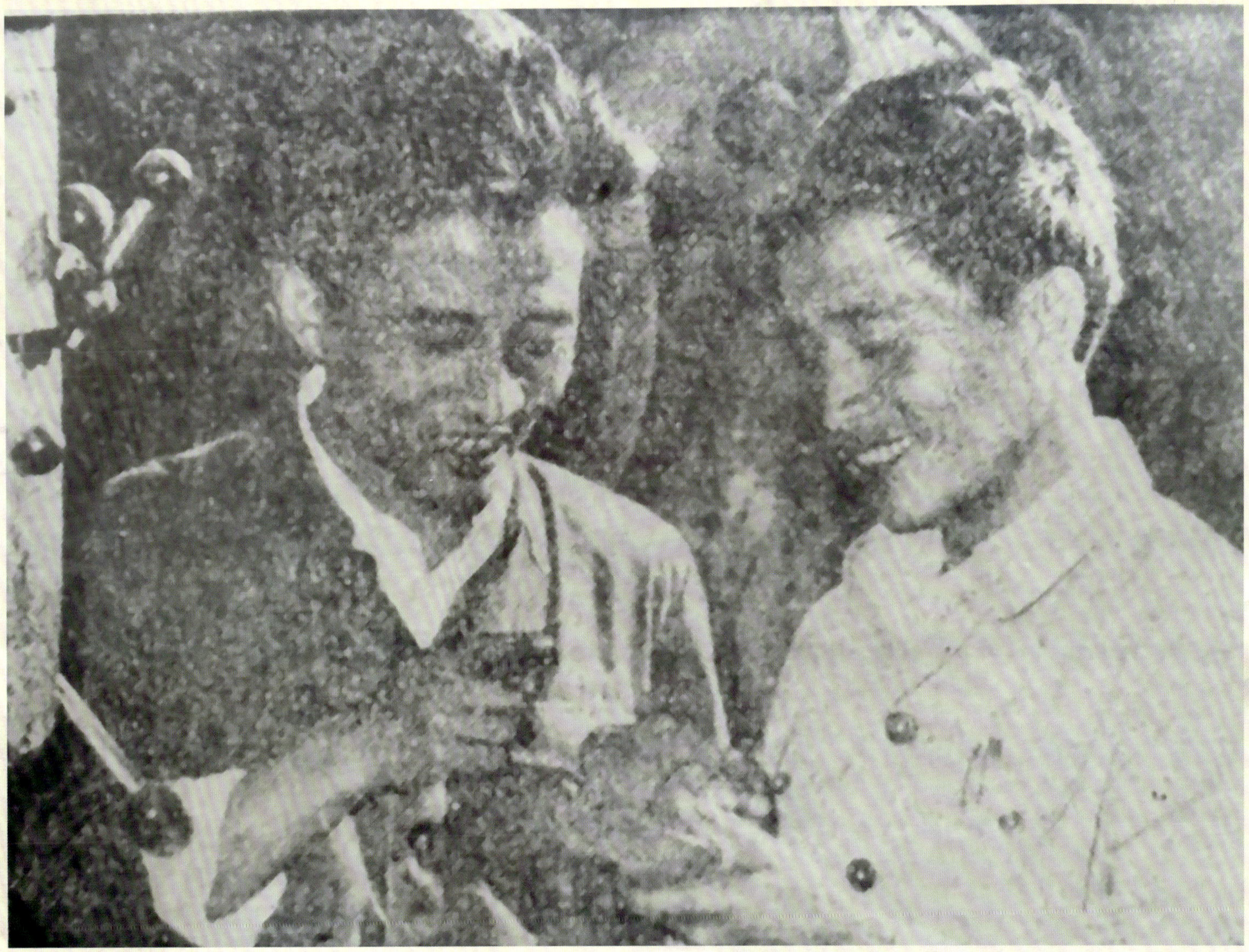

县玛钢厂王锦春（右）与县皮件厂王锦槐，是与新中国同时诞生的孪生兄弟，兄弟分别就任各自所在厂的厂长，原本亏损的厂子都扭亏为盈。1984年8月，王锦春、王锦槐的事迹被新华社等媒体广泛报道

乡镇企业

乡镇企业是伴随着农业合作化运动逐步发展起来的。初始建立农业生产合作社、高级农业生产合作社，把手工业者组织起来，组成工副业队，从事小农具的制造、维修工作。1958年，人民公社成立后，在大办农业、大办工业的号召下，公社、大队将手工业人员组成工副业厂、队，从事小农具制造，改良、修理、翻砂、织地毯、轧棉花、粮油加工、芦苇编织等生产，这些是乡镇企业发展的雏形。

1971年，县拖拉机站下放给社、队经管，社、队企业又开始发展。当年仁存、通桥、杨和、李俊等公社办起了农机修造厂。1972年，增岗、胜利公社办起了农具厂。1973年，望洪公社办起厂农具修造厂。1974年，又办起了橡胶厂。1975年，胜利公社办起了石灰厂、机砖厂。1980年，仁存公社办起了机砖厂，望洪公社办起了油毡厂，李俊公社办起了味精厂。

1985年，全县村、队，出现办企业的热潮。全县乡镇、村、队、个体共办企业5581家，其中，乡办88家，村队办247家，联办25家，个体办5221家，共有从业人员1.87万人。

20世纪80年代胜利涤纶厂

1982年10月，县味精厂提前2个月完成全年生产任务。图为味精厂职工在生产线包装产品

1981年6月，望远桥公社开展塑料编织业。图为在塑料编织厂生产线上操作的社员

1984年10月，邮政局话务班努力提高素质，改进服务态度受到用户好评

妇女撑起半边天

1953年，全县妇女参加第一次普选，真正行使当家做主的民主权利。广大妇女带头参加互助合作化运动，入互助组妇女3122人。1956—1963年，全县召开妇女建设社会主义积极分子代表会4次，出席妇女393人。1973—1978年，在“农业学大寨”的群众运动中，广大妇女在农田基本建设中发挥了重要的作用。1980年以后，广大妇女积极投身改革，发展商品生产。1976—1985年，马秀珍、吴淑筠、李彦君、赵秀兰、杜秀兰，杨玉霞、王玉花、王桂英、文秀英9名妇女出席了全国劳动模范、三八红旗手、五好家庭代表会，受到表彰和奖励。

1978年7月，县百货公司医药公司门市部的营业员不但卖药，而且学会了给病人打针

1984年4月，县人民医院妇产科主任孙秀琴（左二）一心扑在医疗工作上，受到同事和病人的好评

“五保”人员供养

1955年，永年县农村鳏寡孤独和无劳动能力老人的生活主要依靠群众互助来解决，由互助组无偿帮、代、包耕，同时，国家还对生活没有保障者发放救济粮、款，给予重点照顾，使其生活得到社会保障。1956年农村实现农业合作化后，采取集中供养和分散供养相结合的办法，对入社的孤、老、残废社员的生养病死，实行保吃、保穿、保住、保医、保葬的“五保”供给。

1956年全县实行“五保”供给的有546户1153人。1959年全县4个人民公社共建起敬老院16所，集中供养了131位“五保”老人。后又相继建立敬老院3所，这些敬老院因当时条件不成熟，建立不久均停办，改集中供养为分散供养。1983年10月，全县首次全面开展“五保”户的普查工作，共评定“五保”老人333户382人，并对“五保”户建立档案，发给“五保供给证”。1984年，全县除杨和镇外，其它乡（镇）共建起敬老院9所，纳家户村办1所。1985年底，全县“五保”户为276户。1985年底，全县“五保”户为276户317人。集中在敬老院供养者达81人，占全县“五保”人数的25.6%。

1984年9月，永宁县第一个回族敬老院在杨和乡纳家户成立。图为社员欢送五保老人到敬老院的场面

1980年7月，养和公社在妇女中开展尊婆爱媳道德教育，表彰65名好媳妇、7位好婆婆

1984年10月，县公证处积极为专业户服务。图为公证处的工作人员向果农黄九海了解承包生产情况

1986年，参加对越自卫反击战永宁籍战士在老山前线合影

对越自卫反击战中永宁籍战士

对越自卫反击战是指于1979年2月17日至3月16日爆发在中国和越南之间的战争。

20世纪70年代末，越南对中国采取敌对行为。中国采取反制措施，在短时间内占领越南北部20余个重要城市和县镇，一个月之内便宣布胜利，撤出了越南。这场战争令中越两国关系进一步恶化直至最低点。20世纪80年代后，两国继续对抗，在罗家坪大山、法卡山、扣林山、老山、者阴山等地区又相继爆发了边界冲突，时间持续达十年。

1979年4月25日，县委印发《关于开展向对越自卫反击作战中的英雄们学习的通知》。县委号召全县各级党组织和广大党员、共青团员、干部、群众广泛开展学习活动，热烈向英雄们学习，为建设“四化”、保卫“四化”做出积极贡献。

1979年对越自卫反击战，冯万明、郭宁、苏希国、王军、吴海宾、黄天军、王成、蒲少永、陈军、朱金、陈河、安海东、谷学明、姬恩发、谭德军、张庭洪、姚建平、丁光耀 、叶青风、纳宏强、纳金永等永宁籍战士参战。

1986年，永宁籍战士姚建平在老山前线站岗

20世纪90年代，武警永宁县中队欢迎新战士

“青年民兵之家”

1982年，李俊镇古光村首创青年民兵文化室，后改称“青年民兵之家”。“青年民兵之家”设图书室、电视室、游艺室、广播室和体育活动场。并组织民兵读书、看报、学习党的方针、政策，经常性进行“两个文明”教育。此后，“青年民兵之家”在全县推广普及。1985年，全县共有“青年民兵之家”362个。在1982年文明礼貌月活动中，全县成立学雷锋小组836个。1982—1985年，“青年民兵之家”民兵先后配合公安机关抓赌583场，破案17起。有98名民兵出席自治区、市、县建设社会主义精神文明大会。1983年5月，李俊镇古光村出席兰州军区召开的“青年民兵之家”经验交流会，在会上介绍经验。同年7月，银川市委、市政府、银川军分区在永宁县召开“青年民兵之家”现场会，古光、金培、丰登3个村的“青年民兵之家”受到表彰奖励。1984年，古光村民兵排长杨富国被国家农牧渔业部、团中央联合命名为全国农村学科学、用科学的青年标兵。

1983年7月3日，银川市“青年民兵之家”经验交流会在永宁县召开

20世纪90年代，县人武部组织预备役战士进行轻武器训练

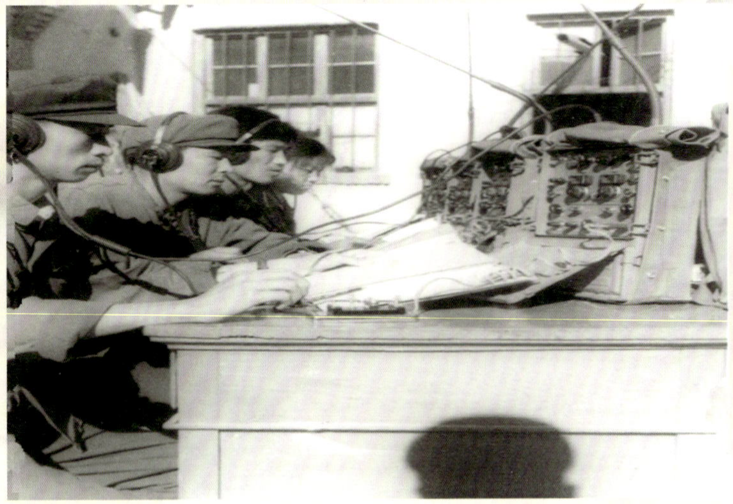

20世纪90年代，县人武部组织预备役战士进行无线电联络练习

1987年10月7月，永宁县首批颁发居民身份证工作总结表彰大会在永宁县招待所举行

永宁县居民身份证颁发

1986年8月4日，永宁县颁发居民身份证工作开始，1987年10月7日结束。全县16周岁以上共102300人，各种原因不发证的210人，应发证的102090人，实办证的人数96324人，待发证人数4832人，全县办证率94.35%。1987年，永宁县居民身份证颁发工作被自治区评为身份证办理颁发先进县。

20世纪80年代，永宁县关注三关口长城保护

1984年7月，宁夏农学院农学系毕业生严忠诚（右一）表示毕业后自愿去山区工作。图为固原地委有关部门负责人欢迎他的场景

政协永宁县第二届委员会第一次会议

1984年1月24日，政协永宁县第二届委员会第一次会议召开。历时8天，出席委员46人。会议听取、审议韩宝森做的《政协永宁县第一届委员会常务委员会工作报告》，周明做的《政协永宁县第一届委员会关于提案处理情况的报告》。通过政协决议，共收到委员提案62件，选出第二届政协常委7人，选举韩宝森为县政协主席，徐建忠、周明、马光俊、王明俊、汤学文、刘树荣为县政协副主席，王汉中为秘书长。全体委员列席永宁县第十届人民代表大会第一次会议。

1984年1月16日，政协永宁县委员会第二届一次会议召开。图为参加政协永宁县委员会第二届一次会议政协委员合影

政协永宁县第三届委员会第一次会议

1987年5月21日，政协永宁县委员会第三届一次会议召开。图为参加政协永宁县委员会第三届一次会议政协委员合影

1987年5月24日，政协永宁县第三届委员会第一次会议召开。历时7天，出席委员65人。会议听取、审议李贤茂做的《政协永宁县第二届委员会常务委员会工作报告》，周明做的《政协永宁县第二届委员会关于提案处理情况的报告》。通过政协决议，共收到委员提案61件，选出第三届政协常委19人，选举李贤茂为县政协主席，汤学文、王宝山、张庭儒、南立中、杨振中为县政协副主席，王汉中为秘书长。全体委员列席永宁县第十一届人民代表大会第一次会议。

在永宁的大学

20世纪90年代宁夏农学院歌咏比赛

宁夏农学院

始建于1958年9月。1971年，宁夏大学农学系、畜牧系和林学系与宁夏农校合并组建宁夏农学院，迁至永宁县王太堡，占地358亩，建筑面积6.5万平方米。学院东临黄河，西倚贺兰山，这里土地肥沃，沟渠纵横，林田错落，农业生态环境鲜明。十一届三中全会以后，学院时有农学、园林、畜牧兽医、农田水利、农业经济管理、生物、食品科学等7个系，共24个专业。2002年，宁夏农学院迁出永宁县王太堡。

银川大学

位于银川市南大门永宁县王太堡，是宁夏回族自治区教育厅和银川市政府共管共建的本科院校。银川大学创办于1999年10月，2007年6月，通过国家教育部评估。2012年3月，被教育部正式批准为本科院校，现形成以工科为主，涵盖文、商、经、农、法等综合办学格局。2016年5月，被自治区学位委员会增列为学士学位授予权单位。2016年8月，被自治区批准为宁夏地方本科院校向应用技术类高等学校转型发展的试点示范高校。

20世纪90年代宁夏农学院校园全景

21世纪初，银川大学升旗仪式

20世纪90年代企业

宁夏味精厂

建于1976年，是一家味精和谷氨酸生产企业。地处宁夏永宁县李俊公社。20世纪80年代，企业经过多次规模化的技术进步与更新改造，不断引进和自我完善先进的生产工艺技术，形成年产味精30000吨，谷氨酸18000吨的生产规模。先后获得国家科技进步二等奖、自治区科技进步二等奖、银川市科技进步一等奖等。董事长（兼）总经理屠敏多次被评为“星火”科技先进工作者和全国“星火”实施十周年先进工作者等荣誉称号。

胜利涤沦厂

1982年在胜利乡杨显村建立。占地面积11988平方米，建筑面积1522平方米。固定资产18万元。最多时职工60多人。年产值30万元。

20世纪90年代的宁夏味精厂

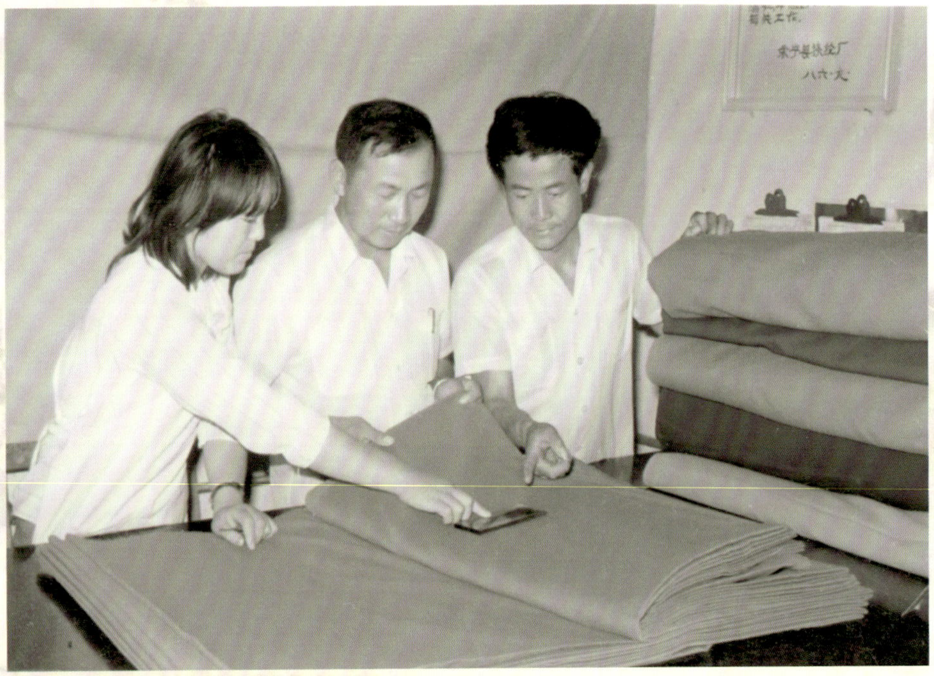

20世纪90年代的永宁胜利涤沦厂质检人员检查织品质量

20世纪90年代的永宁胜利涤沦厂生产车间

20世纪90年代的永宁县冶炼厂

永宁造纸厂

1979年3月3日，永宁县养和造纸厂在县城南红星桥畔建立。占地面积1.56万平方米，建筑面积2162平方米。1985年改为县属集体企业，更名为永宁造纸厂。1998年6月26日，县政府批转《永宁县造纸厂整体转让出售改制方案》。1999年9月改为非公有制企业，更名为紫荆花纸业有限公司。

胜利机砖厂

1975年，胜利机砖厂在胜利公社杨显大队建厂。占地面积3000平方米，建筑面积700平方米。固定资产30万元。最多时职工110多人。年产值44万元。

仁存羊毛衫厂

1985年，仁存羊毛衫厂在仁存乡许家桥建厂，该厂占地面积40020平方米，建筑面积11000平方米。固定资产41万元。最多时职工150多人。年产值25万元。

20世纪90年代的永宁县造纸厂制纸机切纸车间

20世纪90年代的仁存羊毛衫厂产品展示

20世纪80年代的永宁县胜利机砖

永宁西部土地上“葡萄酒族”的世界级王冠

西夏王葡萄酒酒庄位于永宁县西部的贺兰山东麓，始建于1984年，是西北地区发展最早的葡萄酒加工企业，1996年改制为宁夏西夏王葡萄酒业(集团)有限公司，主要生产高档干红、干白、冰白等系列产品。厂区建筑面积13800平方米。2012年底，公司在贺兰山东麓国家葡萄酒地理标志保护区域内已发展葡萄种植面积13.2万亩，并拥有年产5000万株优质脱毒葡萄苗木繁育中心，年葡萄酒加工能力3万吨。2002年，宁夏西夏王葡萄酒业(集团)有限公司被农业部等国家八部委确定为“农业产业化国家重点龙头企业”。

20世纪90年代的宁夏农垦西夏葡萄酒生产基地

20世纪90年代的宁夏谷氨酸厂4000吨谷氨酸发酵罐

20世纪90年代的永宁县水泥厂

油香

20世纪90年代初，永宁县城一油香（油饼）生产制作点

改革开放后的集贸市场

改革开放后，永宁县集贸市场发展迅速。20世纪90年代后较大市场有县城中心市场、南环集贸市场、李俊市场、望远市场、通桥市场等。

县城中心市场：位于县城老区，南大厅于1985年5月建成，占地面积2485.95平方米；北大厅于1998年10月建成交付使用，占地面积1235平方米。南北大厅总造价376.1万元。时日成交额12万元，有500个摊位，人流量5000人。

县城南环市场：位于县城南，1991年5月建成，占地面积56.28亩，总造价287万元。日人流量1.5万人，摊位数1500个，时日成交额30余万元。

李俊市场：位于李俊镇，1995年6月建成，占地面积26.8亩，总造价207.5万元。日人流量1万余人，摊位数1000余个，时日成交额20万元。

望远市场：位于望远镇，1998年5月建成，占地面积1.2万平方米，总造价63.1万元。日人流量5000人，摊位数800个，时日成交额16万元。

通桥市场：位于原通桥乡政府驻地，1992年6月建成，占地面积560平方米，总造价4.7万元。集日人流量3000余人，摊位数300多个，时日成交额7.1万元。

胜利市场：位于胜利乡政府所在地，1998年11月建成，占地面积3亩，总造价7.2万元。日人流量2500余人，摊位数300多个，时日成交额6.1万元。

增岗市场：位于原增岗乡三角地，1990年建成投入，占地2亩，造价2万。日上市摊位数80多个，人流量1500余人，时日成交额1.6万元。

20世纪80年代的县城南环市场

20世纪90年代的县城南环市场

20世纪90年代的县城南环市场

21世纪初的县城中心市场

20世纪90年代，宁夏玉泉营农场葡萄种植户排队交售葡萄

20世纪90年代的李俊镇市场

商业国有化时代

1951年5月，成立宁夏省贸易公司省南分公司永宁商店，经营范围包括日用工业品、农副土特产品、粮油、医药、畜产品等。1952年7月，宁夏省贸易公司省南分公司永宁商店改为西北贸易公司永宁商店。1954年9月28，撤销西北贸易公司永宁商店，改为甘肃省贸易公司永宁支公司。1956年6月20日，永宁县商业局成立。并成立贸易、百货、副食品购销站、农产品采购局等经营机构。1957年1月，撤销永宁县贸易公司，成立永宁县服务局，除工业品交百货公司经营，其余业务并入服务局，实行行政与企业管理机构合一。1958年6月，县商业局、服务局、供销社合并为商业局。1961年12月，供销合作计从县商业局分出，恢复成立永宁县供销合作。1962年10月，恢复成立永宁县百货公司、永宁县食品公司、永宁县饮食服务公司。1966年7月1日，商业局、供销合作社再次合并为商业局，合并后对外挂商业局、供销联社、市场管理委员会三块牌子，一套人员合署办公。1968年3月，县商业局改为永宁县商业局革命委员会。在县城的商业经营单位一律实行组织军事化，商业局编为民兵连，各公司编为民兵排，各门市部编为民兵班。1970年12月，永宁县县革命委员会商业局改称为永宁县商业局。1971年9月，取消民兵军事化组织，同时撤销永宁县贸易公司，按百货、五金、食品、饮食、服务，恢复各专业公司，分业经营。1975年12月，商业局与供销社又重新分开。1993年9月18日，县商业总公司成立。20世纪90年代末，随着社会主义市场经济的完善，原计划经济国有商业流通体系全部退出。

2000年3月15日，县烟草专卖局焚烧假烟

20世纪90年代的县医药公司

1996年春节，县粮食局、县粮油集团彩车给全县人民拜年

1993年9月建成的县供销社银桥宾馆。该宾馆于2015年109国道改造时拆除

20世纪90年代，县商业局上街宣传

2008年，商业总公司检查市场肉品质量

2008年，商业总公司检查安全生产

市场管理

1950年9月，永宁县设立工商行政管理科，系县人民政府主管工商行政工作的职能部门。1957年10月，撤销工商科，业务并入商业局。1961年，县商业局成立杨和、李俊市场管理委员会。1964年，在商业局内设置市场管理委员会。1972年2月，恢复工商行政管理。1976年3月，工商局下辖李俊、杨和、望远、望洪4个工商管理所。1987年10月，局机关设人秘股、市场股、工商企业股、合同股和个体股、经济检查股，并成立个体劳动者协会，经济合同仲裁委员会，永宁中心市场管理所。1999年1月，县工商局划归自治区工商局管理。

20世纪80年代，工商人员检查县城农贸市场

20世纪90年代，县工商局打击土炼油

20世纪90年代，县盐业局执法宣传

20世纪90年代，县工商局打假治劣现场会

20世纪90年代，县技术监督局打击“黑心秤”

“红、黄元帅”苹果一统天下

20世纪90年代，李俊乡魏团村苹果丰收

20世纪90年代，望洪乡黄元帅苹果硕果压枝，装筐外运

20世纪90年代，在黄河永宁仁存段捕捞的永宁人

1998年8月，县国营粮库敞开收购农民的粮食

粮油市场管理

新中国成立后，1950年3月，永宁县粮食局成立。1952年，公粮的征收，由县财政科负责，支拨等由粮食局负责。1953年，粮食局改为粮食科。1956年，又改称粮食局。1994年，县粮食局成立永宁粮油集团。1998年2月20日，撤销粮食，保留牌子，粮油集团为政府直属企业，粮食局行政职能由经济计划局承担。

民国时期，杨和堡集市设有斗行，经营粮油。新中国成立后，1950年3月，政府为控制粮价，调拨大批粮油，投入市场。1953年12月，开始对粮食实行统购统销政策，严禁自由买卖粮食。1957年，粮油市场关闭。1959年6月后，粮油市场有恢复。1964年8月，批判“三自一包”“四大自由”，粮油市场再次关闭。党的十一届三中全会后，1979年1月24日，开放杨和、李俊2个集市。1986年后，全县的粮食收购任务由永宁县粮食局承担，自治区人民政府下达收购任务，保证国家定购任务，农户多余的粮食按市场价收购。2003年，取消粮食收购合同，全面放开粮食收购，全县个体粮食经营户蓬勃发展。

2009年2月，永宁县农民经纪人协会粮食购销专业合作社成立并揭牌

1996年10月，胜利乡农民晾晒玉米

20世纪90年代，汉渠永宁县段春灌时渠水臁流

渠系建设

新中国成立后，永宁县持续投入大量人力、物力、财力兴修水利工程，先后开挖了西干渠，整修唐徕、汉延渠和惠农渠，开挖了第一排水沟、中干沟、永清沟、永二干沟等大型排水干沟。通过20世纪70年代以后的农田水利基本建设，使全县灌溉、排水体系更趋合理。

20世纪80年代，全县砌护支斗渠80多条，长400多公里，建成高标农田近30万亩。节水技术、地下暗管排水技术、生物治理沟道技术、渠道防渗技术在全县大面积推广，水利为农业生产提供了坚强的保证。

20世纪90年代，水稻种植开始使用插秧机栽稻

20世纪90年代，宁化桥电动提水闸

2814项目在永宁

世界粮食计划署(WFP)1985年接受我国政府申请无偿援建的“九城市利用低洼盐碱荒地发展淡水养殖项目”(项目编号2814),其主要目标是利用低洼盐碱荒地挖池抬田,建设以渔业生产为主的副食品生产基地。1984年4月1日，永宁县成立项目指挥部。通桥、增岗乡也成立项目领导组织。全县建设3个项目。

通桥乡杨家湖项目渔场：杨家湖位于通桥乡东北端，东靠惠农渠，南临蘑菇滩，北连黄家滩，属浅水湖滩地。开挖渔池1290亩，其中，成鱼池1030亩，苗种池260亩。沟渠15.48公里，涵闸20个，生产用路2.58公里，输电线路3.87公里，桥7座，泵站1座。管理中心建筑774平方米。

增岗乡增岗滩项目渔场：增岗滩位于增岗乡东北部，北靠中干沟和杨增公路，东临增全沟与杨和乡为界，西连毛渣湖沟。开挖渔池320亩，其中，成渔池240亩，苗种池80亩，沟渠3.84公里，生产用路0.64公里，输电线路0.69公里，涵闸6个，桥2座，机井1眼。管理中心建筑192平方，饲料厂128平方米，畜棚756平方米，养鱼户2户。

培岗乡套子滩项目渔场：套子滩位于增岗乡西南部，北靠杨增公路，西临唐徕渠，南连宋澄沟，中间有本世渠和小世渠穿过。开挖渔池390亩，其中，成鱼池330亩，苗种池61亩。沟渠4.68公里，生产用路0.78公里，输电线路1.17公里，涵闸6个，桥2座。管理中心建筑234平方米，饲料厂156平方米，畜棚312平方米。

1988年5月27日，联合国2814项目官员到永宁县考察，县长孙彦明接见

20世纪90年代，中国科协在永宁县胜利乡杨显村设立少数民族地区科普示范基地。图为科技工作者观察小麦生长情况

20世纪80年代，永宁县增岗滩“2814”项目实施中心

畜牧养殖

20世纪90年代，社会各界参观李俊镇魏团村郭正科养牛基地

1956年，县畜牧部门引进良种公畜，办起家畜配种站14个。引进的种公畜有克拉巴依马、伊犁马、关中驴和秦川牛。大家畜由2.35万头（匹）增加到2.72万头（匹）。1958—1962年，畜牧业生产逐年下降。1961年，全县大家畜存栏下降到1.47万头，是历史最低年份。1962年，全县羊只存栏6.5万只，比1960年减少4284只。1964年，羊只10.88万只。1967—1979年，畜牧业生产徘徊不前。大家畜存栏数保持在2.2万～2.5万头（匹）之间，羊只存栏数保持在6万～9.6万只之间。1977年，全县畜牧业总产值466万元，占农业总产值的12%。1980—2005年，全县涌现出一大批养牛、养羊专业户。1989年，全县奶牛发展到942头，羊只发展到17.3万只，大家畜发展到3.43万头（匹）。畜牧业生产总值由1979年的466万元增长到1985年的1253.7万元。1985年后，畜牧业生产总值一直稳定在农业生产总值的15%左右。1990年，全县畜牧业生产依托夏进、北方乳业、维维北塔、全味乳品等奶业龙头企业，以望远镇、胜利乡、杨和镇、望洪镇为重点，建设永宁优质高产核心区。2005年，全县畜牧业规模养殖户达到3302户，奶牛养殖1.9万头。畜牧业产值占全县农业生产总值的40%。

20世纪90年代，县城农贸市场的牛羊交易

20世纪90年代，宁夏北方乳业公司奶牛场

庆祝香港、澳门回归

1997年7月1日，永宁县举行庆祝香港回归活动

1990年8月15日14点30分，“亚运之光”火炬传到永宁县

1999年12月20日，永宁县举行庆祝澳门回归祖国活动

2000年11月17日，永宁供电局上划宁夏电力公司。图为自治区经贸委、永宁县政府、宁夏电力公司三方签字仪式

永宁供电

1973年11月，永宁县供电所成立，直属县水电局领导。1985年10月，农电管理站与原水电管理站合并，挂一个牌子，两套人马。1986年11月，永宁县供电所更名为永宁县供电公司。1991年6月24日，成立永宁县供电局，永宁县供电公司仍然保留，供电局、供电公司一套人马、两块牌子，原性质不变，为政府直属部门。1992年11月9日，永宁县人民政府与银川供电局签订《代管协议书》，永宁县供电公司由银川供电局实行代管。2000年4月6日成立杨和、望洪、仁存、李俊、增岗、胜利、望远、通桥8个供电所。

2000年，永宁县供电局上划为宁夏电力公司直属。11月17日，自治区经贸委、永宁县政府、自治区电力公司三方签订《永宁县供局上划宁夏电力公司直接管理议书》。

2007年9月，永宁县农村电网建设与改造竣工大会

永宁县第十三届人民代表大会第一次会议

1993年2月24日，永宁县第十三届人民代表大会第一次会议召开，历时5天。出席代表189人。伍光义当选为县人大常委会主任，李术培、马维龙、胡宝义、翟美丽、杨忠邦、马彦当选为副主任。刘宗祥当选为县长，曹维新、任怀山、王明轩、王成当选为副县长。蒋守仁当选为县人民法院院长，杨作霖当选为县人民检察院检察长。选举产生出席银川市第九届人大代表13人。

1996年2月4日，永宁县第十三届人民代表大会第四次会议

1998年1月25日，第十四届人民代表大会第一次会议

永宁第十四届人民代表大会第一次会议

1998年1月14日，永宁县第十四届人民代表大会第一次会议召开，历时7天。出席代表160人。王明轩当选为县人大常委会主任，马维龙、邓兴德、路光明、汪发、刘德宝、罗恒钰当选为副主任。贺满明当选为县长，王成、雷福、武玉兰、孙玉山、方仁、孙建明当选为副县长。邹光明当选为县人民法院院长，杨作霖当选为县人民检察院检察长。

中国人民政治协商会议永宁县第三届委员会第一次会议

中国人民政治协商会议永宁县第三届委员会第一次会议

1987年5月24—31日，中国人民政治协商会议永宁县第三届委员会第一次会议召开，历时7天。出席委员65人。会议听取、审议李贤茂做的《政协永宁县第二届委员会常务委员会工作报告》，周明做的《政协永宁县第二届委员会关于提案处理情况的报告》。通过政协决议，共收到委员提案61件，选出第三届政协常委19人，选举李贤茂为县政协主席，汤学文、王宝山、张庭儒、南立中、杨振中为县政协副主席，王汉中为秘书长。

1998年1月18日，中国人民政治协商会议永宁县第六届委员会第一次会议与会委员合影

中国人民政治协商会议永宁县第六届委员会第一次会议

1998年1月14—20日，中国人民政治协商会议永宁县第六届委员会第一次会议召开。出席委员65人。会议听取、审议五届政协主席姜生元做的《政协永宁县第五届委员会常务委员会工作报告》，五届政协副主席汤学文做的《政协永宁县第五届委员会关于提案处理情况的报告》，通过了政协决议。共收到委员提案57件，选出第六届政协常委9人，选举任怀山为县政协主席，马信、汪柱、李连山、纳金顶、雷金丰、纳学义为县政协副主席，侯金瑜为秘书长。

1998年1月14日，中国人民政治协商会议永宁县委员会第三届第一次会议

2007年11月4日至19日，政协永宁县第八届委员会第一次会议

中国人民政治协商会议永宁县第八届委员会第一次会议

2007年11月14—18日，中国人民政治协商会议永宁县第八届委员会第一次会议召开。会议听取、审议七届委员会副主席叶成做的《政协永宁县第七届委员会常务委员会工作报告》，七届委员会副主席王凤仙做的《政协永宁县第七届委员会关于七届五次会议以来提案落实情况的报告》。通过政协决议，共收到委员提案81件，选出第八届政协常委19人，选举王连生为县政协主席，叶成、王凤仙、董建华、为县政协副主席，张国军为秘书长。

2003年1月3日，中国人民政治协商会议永宁县第七届委员会第一次会议召开

中国人民政治协商会议永宁县第七届委员会第一次会议

2003年1月3—8日，中国人民政治协商会议永宁县第七届委员会第一次会议召开。会议听取、审议六届委员会副主席雷金丰做的《政协永宁县第六届委员会常务委员会工作报告》，六届委员会秘书长李波做的《政协永宁县第六届委员会关于六届五次会议以来提案落实情况的报告》，通过了政协决议。共收到委员提案57件。选出第七届政协常委14人，选举王成为县政协主席，叶成、雷金丰、王凤仙为县政协副主席，李波为秘书长。

中国人民政治协商会议永宁县第九届委员会第一次会议

2012年11月3—6日，中国人民政治协商会议永宁县第九届委员会第一次会议召开。会议听取、审议八届委员会副主席蒯金银做的《政协永宁县第八届委员会常务委员会工作报告》，八届委员会秘书长张国军做的《政协永宁县第八届委员会关于八届五次会议以来提案落实情况的报告》，通过了政协决议。共收到委员提案56件。选出第九届政协常委18人，选举段庆林为县政协主席，蒯金银、任丽琴、郭宏为县政协副主席，张国军为秘书长。

2012年11月3日，中国人民政治协商会议永宁县第九届委员会第一次会议召开

征沙渠农林开发

永宁县金沙渠二期工程竣工庆典

征沙渠农林开发

征沙渠农林开发是20世纪永宁人苦干精神的丰碑。1976年5月25日，永宁县征沙渠破土动工。至1980年，建成全长14.6公里，灌溉农林牧地7万余亩的农田新体系。1988年永宁县开始征沙渠二期建设。1988年4月6日，县委、县政府组织机关、事业单位8050人到西部征沙渠参加义务植树劳动，历时7天。修路5.1公里，植树2万余株。1988年7月27—29日，县委八届二次（扩大）会议，组织县委委员、候补委员、纪委委员，县人大党员领导、政府党员领导、政协党员领导，各职能部门主要领导161人观摩征沙渠开发区。1989年12月2日，县人民政府印发《永宁县征沙渠地区土地资源开发建设管理办法》。1990年7月2—3日，全县上半年农业生产观摩会，县委、人大、政府、政协、人武部领导，各乡镇书记、乡镇长，县直部门负责人观摩征沙渠地区开发项目等。1991年4月1日，永宁县城各单位万余名干部职工到征沙渠参加义务劳动7天，共清挖沟渠43条，植树4.4万棵。1992年4月7日，自治区党委书记黄璜带领自治区、银川市领导到永宁县征沙渠参加植树劳动。1992年8月25日，德国驻华大使馆农林参赞温德尔博士考察永宁县征沙渠农林开发区。1992年9月16日，日本海外林业咨询协会专务理事江藤素彦一行6人，来到永宁县征沙渠农林开发区参观考察。1994年3月10日，永宁县政府颁发征沙渠地区国有土地使用证。1995年3月5日，县教育局、团县委、老干部局、关心下一代协会、民政局联合下文。命名征沙渠为永宁县成人劳动教育基地。1996年6月8日，中共永宁县委、县政府命名征沙渠地区为永宁县第一批爱国主义教育基地之一。

曾经的吊庄

闽宁镇建设初期，移民群众在戈壁滩上开荒种田

泾源县芦草洼吊庄

1983年，自治区政府决定在永宁县西部山区芦草洼一带划拨出山地7万亩，开发建设泾源县芦草洼移民吊庄区。开发区管委会下设铁东乡、铁西乡、植物园乡3个乡，共有36个村民委员会88个村民小组。2002年12月30日，调整区域规划，泾源县芦草洼吊庄划入银川市西夏区管辖，成立兴泾镇。

西吉县玉泉营吊庄

1995年9月7日，自治区政府做出《西吉县玉泉营吊庄现场办公会议纪要》。1996年5月7日，召开西吉玉泉营吊庄划地协调会议；6月13日，自治区政府做出《关于划拨黄羊滩农场部分土翅给西吉县吊庄使用》的批复，西吉县玉泉营经济开发区开始筹办。1997年，福建省脱贫办公室投资830万元，帮助开发区建设，西吉县玉泉营吊庄更名为宁夏闽宁村。

海原县玉泉营吊庄

1993年，自治区政府文件规定，将玉泉营东大滩5000亩山地划给海原县政府，作为移民搬迁的吊庄基地，成立海原县玉泉营开发区工作委员会，同时成立玉泉营开发区工所。海原县玉泉营吊庄位于贺兰山东麓阶台地上，距永宁县城20公里。

闽宁镇建设初期

闽宁镇建设初期

社火

社火是人们对高跷、旱船、太平车、跑驴、狮子、龙灯等民间表演形式的总称。永宁当地的社火队出场依次是锣鼓领先，高跷开道，双龙压阵，边走边舞，轮番表演。

新中国成立后，每逢重大节日，当地人们就会组织社火表演。20世纪60—70年代，社火慢慢淡出人民的视线。改革开放后的1984年春节，永宁在县城调演，七乡一镇派出的社火队规模空前，社火演员达444人。其中，高跷队7个，226人；旱船14张，25人；太平车6辆，24人；跑驴7个，15人；狮子、龙灯、大头娃娃、旗队、号队、腰鼓、旗队、号队、腰鼓队102人。通桥、仁存、增岗3个乡被评为优秀社火队，观桥的高跷、通桥的龙灯、狮子，李俊、增岗的太平车得单项优秀奖。调演后社火队到各乡、镇演出149场，观众达12.8万人次。

从20世纪80年代至今，永宁县每年的辞旧迎新，县、乡都会组织社火表演。县委、政府都会给予奖励。

20世纪90年代，县城杨和街上社火、秧歌活动的场面

1998年9月28日，永宁县社火队走向银川街头，欢庆自治区成立四十周年

20世纪90年代的纳家户村

纳家户村

纳家户村原名纳家闸，因村东有汉延渠大水闸而得名，又称纳闸桥。

纳家户村位于永宁县杨和镇，紧靠永宁县城。东临黄河5.3公里，北距银川市20公里。辖11个村民小组，现有农户1448户人口4680人，其中，回族占96.45%。

纳家户村坐落在以引黄灌溉而著称于世的银川平原上，地形由西南向东北倾斜。地势平坦，土地肥沃，道路纵横，西汉开辟的汉延渠从村东流过，灌溉着村中的千亩良田，自然条件优越，是著名的产粮区。

20世纪90年代国营玉泉营农场大门

1993年望远乡改镇。图为当年7月10日望远镇成立大会

欢送新兵

新中国成立以来，永宁人民每年欢送新兵活动都格外热闹。

每年征兵工作开始，县人武部、县征兵办公室都定期召开协调会，互通情况，为欢送新兵创造良好气氛做准备。新兵确定后，各乡、镇、农场都会把新兵入伍通知书送到每家。各村、场都要召开由新兵、新兵家属参加的欢送新兵座谈会。送兵当天，各乡镇给新兵披红挂花，学校组织学生腰鼓队、彩旗队敲锣打鼓，载歌载舞，夹道欢送。县委、政府、人大、政协、人武部领导都要给新兵、新兵家属佩戴大红花，赠送礼品。

时间在变，但每年永宁人民欢送新兵的热闹场面年年如此。

1990年1月，永宁县欢送新兵

1994年，永宁县欢送新兵大会

20世纪90年代，预备役官兵在贺兰山中开展高炮射击训练

2007年3月，举办永宁县第一部长篇小说姜自力创作的《小东方》首发仪式

文学创作

新中国成立初期，永年县的文学创作主要是业余文艺宣传队自编的文艺表演节目的创作。

1972年，杭州支宁青年杨仁山的小说《大忙叔》，先后在《宁夏日报》《人民文学》《外国文学》发表，杨仁山从此走上文学创作之路。1984年，文化馆李家军新编故事《查底》，参加陕甘宁故事联讲会，获创作奖；后在《民间文学》第11期发表，并在全国新故事北戴河杯大奖赛中荣获优秀奖。

1994年4月，永宁中学女教师姜宁的小说、散文集《朔风吹过》，由宁夏人民出版社出版。2006年5月，胜利乡陆坊村陆梦蝶的《梦随蝶舞》，由宁夏人民出版社出版。2006年8月，姜自力的长篇小说《小东方》，由宁夏人民出版社出版。

改革开放以来，永宁小说、散文等创作经过一大批业余文学艺术创作者多年的勤奋耕耘，实现文学创作许多突破。这一时期永宁县本土作家马凤鸣、范长华、王富荣、解怀福，先后在区内外报刊发表一系列颇有影响的作品，代表这一时期永宁县文学创作最高水平，为永宁县文学创作留墨颇多。

2009年11月18日，“陆梦蝶新书《水晶绿》首发仪式暨剪纸作品展”在永宁举行。这是陆梦蝶继《梦随蝶舞》《偶是农民》之后出版的第三本书。

1993年4月1日，永宁中学教师姜宁小说、散文集公开出版并举办首发式

“双基”教育

1980年，永宁县对学校布局和部分初小教学点及农村小学五年制小学学校进行调整、合并，调整后县有小学76所。

1985年，全县小学在校学生2.74万人，其中，女生占1.33万人，全县入学儿童1.79万人，在校学生1.74万人，入学率97.2%，巩固率98%，毕业率93%。

1986年10月，经自治区、银川市政府检查验收，永宁县小学学龄儿童入学率、普及率、毕业率均达到国家验收标准并被评为全国基础教育先进县。

1990年，全县推行分级办学、分级管理的体制。除永宁县一小、二小由县教育局管理外，农村小学全部下放到各乡镇管理。

1991年，基础设施条件均达到九年义务教育国家标准。1994年，全县完成普及初等教育，并通过银川市人民政府的验收。

1997年，全县实施“两基攻坚战”，全县基本普及九年义务教育，基本扫除青壮年文盲。小学入学率99.96%，毕业率99.2%。小学教师学历和任职资格合格率100%。通过自治区政府验收。

1997年10月，永宁县被教育部授予“全国基础教育先进县”。

1989年10月13日，永宁县庆祝少先队建队四十周年大会

20世纪90年代，县城小学六一儿童节巡游经过杨和北街

20世纪90年代，县城儿童在永宁宾馆集会，庆祝六一

1999年，汉延渠管理处揭批"法轮功"邪教本质宣讲会

1999年，"法轮功"犯罪分子审判大会

取缔"法轮功"非法组织

1999年7月19日，中共中央下发《关于共产党员不准修炼"法轮大法"的通知》，明确要求共产党员不准修炼"法轮大法"。每一个共产党员都要立场坚定，旗帜鲜明，深刻认识"法轮功"组织的政治本质和严重危害。各级党组织要加强领导，切实承担起政治责任。1999年7月22日，中华人民共和国民政部依法决定："法轮大法"研究会未经依法登记，并进行非法活动，宣扬迷信邪说，蒙骗群众，挑动制造事端，破坏社会稳定。依照《社会团体登记管理条例》有关规定，认定"法轮大法"研究会及其操纵的"法轮功"组织为非法组织，决定予以取缔。1999年7月23日，人事部近日发出通知，规定国家公务员不准修炼"法轮大法"。1999年10月30日，全国人民代表大会常务委员会做出关于取缔邪教组织、防范和惩治邪教活动的决定。

1999年8月27日，中共永宁县委印发中纪委、中组部《关于对共产党员修炼"法轮功"等问题的若干处理意见》。

永宁县第十一届人民代表大会第一次会议

1987年5月25—31日，永宁县第十一届人民代表大会第一次会议召开。出席代表211人，列席代表71人。会议听取、审议和通过县人民政府、县人大常委会、县人民法院、县人民检察院的工作报告。会议要求：认真贯彻执行全国人大常委会《关于加强法制教育，维护安定团结的决定》，一手抓建设，一手抓法制。在政治思想领域，进行坚持四项基本原则教育，坚决反对资产阶级自由化；在经济领域广泛开展增产节约，增收节支运动。

李生福当选为县人大常委会主任，范治江、李峰、王明俊、张自卫、白廷杰、李明瑛当选为副主任。孙彦明当选为县长，伍光义、姜生元、吴月英、曹服业当选为副县长。蒋守仁当选为人民法院院长，胡生成当选为人民检察院检察长。

1987年5月25—31日，永宁县第十一届人民代表大会第一次会议召开

1990年2月18日，永宁县十二届人民代表大会第一次会议

永宁县第十二届人民代表大会第一次会议

1990年2月18日，永宁县第十二届人民代表大会第一次会议召开。出席代表190人，列席代表70人。会议听取、审议和通过永宁县政府县长孙彦明做的《永宁县人民政府工作报告》，县人大常委会主任李生福做的《人大常委会工作报告》，县人民法院、县人民检察院的工作报告。

李生福当选为县人大常委会主任，马维龙、张自卫、汤学文、王明俊、李峰当选为副主任。孙彦明当选为县长，姜生元、吴月英、曹服业、曹维新、任怀山当选为副县长。蒋守仁当选为人民法院院长，杨作霖当选为人民检察院代理检察长。

2000年5月，永宁县农村开展“三个代表”重要思想学习教育活动动员大会

“三个代表”重要思想学习教育

“三个代表”重要思想是：我们党要始终代表中国先进生产力的发展要求；我们党要始终代表中国先进文化的前进方向；我们党要始终代表中国最广大人民的根本利益。

2000年2月25日，江泽民在广东省考察工作时，从全面总结党的历史经验和如何适应新形势新任务的要求出发，首次对“三个代表”重要思想进行比较全面的阐述。提出：我们党所以赢得人民的拥护，是因为我们党在革命、建设、改革的各个历史时期，总是代表着中国先进生产力的发展要求，代表着中国先进文化的前进方向，代表着中国最广大人民的根本利益，并通过制定正确的路线方针政策，为实现国家和人民的根本利益而不懈奋斗。2002年，“三个代表’重要思想写入《中国共产党章程》和《中华人民共和国宪法》。

2000年5月29日，中共永宁县委印发《关于认真学习江泽民同志“三个代表”重要思想的通知》。全县各级党组织开始学习“三个代表”有关文件。2001年1月4日，永宁县农村“三个代表”重要思想学习教育活动领导小组成立。2002年5月11日，中共永宁县委表彰“三个代表”重要思想学教活动先进集体12个单位，先进个人35名。

2000年5月，永宁供销社保持共产党员先进性教育活动动员大会

2000年10月，闽宁镇“三个代表”学教活动回访复查工作动员大会

永宁县第十三届人民代表大会第一次会议

1993年2月24—28日，永宁县第十三届人民代表大会第一次会议召开。出席代表189人。伍光义当选为县人大常委会主任，李术培、马维龙、胡宝义、翟美丽、杨忠邦、马彦当选为副主任。刘宗祥当选为县长，曹维新、任怀山、王明轩、王成当选为副县长。蒋守仁当选为县人民法院院长，杨作霖当选为县人民检察院检察长。选举产生出席银川市第九届人大代表13人。

第十三届人民代表大会第一次会议当选的县长刘宗祥，副县长曹维新、任怀山、王明轩、王成

2007年11月4—19日，永宁县第十六届人民代表大会第一次会议

永宁县第十六届人民代表大会第一次会议

2007年11月4—19日，永宁县第十六届人民代表大会第一次会议召开。曹立勋、周兴、吴玉宁、宋月侠（女，满族）、纳金顶（回族）当选为永宁县第十六届人民代表大会常务委员会副主任；李建军当选为永宁县第十六届人民政府县长，杨振如（回族）、段伏林（回族）、达英（女，蒙古族）、钱克孝、何建勃当选为副县长；石东平当选为永宁县人民法院院长，董克仁当选为永宁县人民检察院检察长。

中国共产党永宁县第十一次代表大会

2001年12月7日，中国共产党永宁县第十一次代表大会

中国共产党永宁县第十一次代表大会

2001年12月7日，中国共产党永宁县第十一次代表大会召开，大会应到代表208名，因病、因事请假3名，实际出席205名。贺满明做《把握未来，抢抓机遇，创新实干，努力实现我县改革开放和现代化建设的新跨越》的报告。李双成做《加强作风建设，强化源头治理，深入推进党风廉政建设和反腐败斗争》的报告，大会选举产生了中共永宁县第十一届委员29名，候补委员6名；选举中共永宁县纪律委员会委员15名。第十一届一次全委会选举产生了县委常务委员会委员、书记、副书记。常务委员11名：贺满明、张玉英、曹立勋、王成、李双成、盖青江、雷福、周兴、王连生、冯开玉、李平。书记贺满明，副书记张玉英、曹立勋、王成、李双成。中共永宁县纪律检查委员会选举产生了常务委员会委员7名：李双成、姚秉明、尚志勇、高凤萍、纳晓国、王吉明、郭涛。书记李双成，副书记姚秉明、尚志勇。

2003年乡镇行政区划调整

2003年6月12日，自治区决定，在银川市、石嘴山市、吴忠市全面开展乡镇行政区划调整工作，在固原市原州区和泾源县开展山区乡镇行政区划调整试点工作。

2003年7月23日，永宁县原来的七乡四镇、1个经济开发区调整为五镇一乡。撤销金沙乡、仁存乡、杨和乡、通桥乡、增岗乡。保留胜利乡（除东位村外），将原金沙乡整建制并入，乡政府驻地为原胜利乡政府驻地。保留李俊镇，将原仁存乡整建制并入，镇政府驻地不变。设立杨和镇，将杨和乡、杨和镇整建制合并，镇政府驻地为原杨和乡驻地。设立望洪镇，由原来望洪乡、增岗乡整建制合并组成，镇政府驻地为原望洪乡驻地。保留望远镇，将原来通桥乡整建制并入，并将原胜利乡东位村划入，镇政府驻地不变。保留闽宁镇，将玉海开发区并入，镇政府驻地不变。

2003年的增岗乡大门

中国共产党通桥乡第十次代表大会

金沙乡第一届人民代表大会、村民委员会选举工作大会

2003年10月，永宁县委书记贺满明（右一）向自治区、银川市领导介绍永宁县城镇规划情况

县城“杨和堡”

永宁县城杨和堡，是以明代嘉靖七年（1528年）参将杨和之名命名。

1941年4月1日永宁置县，杨和改为养和，1982年全县地名普查，将养和恢复原名杨和。

1941年，杨和堡为民国县政府所在地。堡内只有前后两条街，杂乱民房居多。街市有棉布店、药店、铜匠、铁匠、银匠、木匠铺、粉房、糖房、肉铺、饭馆、车马店、自行车修理铺、油房等。有砖木结构的玉皇阁、帝藏庵、老爷庙、娘娘庙、经堂庙等。包兰公路整修后，公路从县城正中通过，成为连接南北交通的主干线，一些生意人阳农民向县城靠拢，集市逐渐活跃。杨和堡变成了政治、经济、文化的中心。1945年后县城又兴建了清真寺、招待处、百货局、造纸厂、动力酒精公司等，总建筑面积2.7万平方米。镇内交通均为土路。1949年，县城共有2400人。

1985年，县城总面积1.4平方公里，共有6条街，20条巷，6条主要道路。居住有4124户12745人。有工业企业22个。

2006年永宁县城规划面积4.7平方公里，控制面积14.84平方公里，县城道路框架“三纵七横”。

2006年,永宁县城总体规划修编评审会

1992年，县城东环路、北环路改造

20世纪90年代县城拆迁建设

民国末年，县城内除玉皇阁、老爷庙、娘娘庙等7座庙宇、2座清真寺为砖木结构外，其余均为土木结构平房，县城建筑物建筑面积约5万平方米。中华人民共和国成立后，县城房屋建设发展较快。1952年，杨和堡农民李海良、冯德永等人设计、施工，建成了永宁县人民政府办公室，为新中国成立后县城首批砖木结构建筑。1960年，李海良设计、施工，建成永宁县人民会场，为县城第一大建筑物。1971年5月，县水电局设计、施工，建成县水电局办公楼，为县城第一座楼房。1983—1985年，先后建成县卫生局、农机公司、乡镇企业局、物资局、粮食局、审计局、广播电视局、建设银行、图书馆、检察院、人民银行、汉延渠管理处、永宁中学、招待所、服装厂、玻璃厂、皮件厂、五金厂、供销社、城建家属楼等85幢楼房，最高5层，总建筑面积1010.74万平方米。城镇居民人均住房面积7.1平方米。

20世纪末21世纪初，永宁县县城的拆迁改造

2010年7月6日，黄河宁夏段标准化堤防竣工暨滨河大道通车仪式在永宁县永福路与滨河大道交汇处隆重举行

滨河大道

黄河宁夏段标准化堤防滨河大道贯通宁夏南北，从黄河进入宁夏境内，沿河而建，全长508公里，投资30多亿元，修建的各类桥梁就有40座。滨河大道建设集交通、防汛、旅游、土地整理、湿地生态建设、沿线经济综合开发等多功能于一体，既是保护母亲河的命脉工程，又是建设沿黄城市带的先导工程、打造黄河金岸主轴工程，改变宁夏黄河两岸的交通格局、产业格局、城市格局和开放格局。滨河大道在护两岸群众生命、财产安全道，展示宁夏历史文化、塞上江南风采，统筹城乡发展、促进区域一体化发展作用明显。

宁夏滨河大道于2007年3月开工建设，2009年7月建成通车。

滨河大道跨越永宁县沿黄河农业核心区30余公里，对改善永宁县交通作用明显。

2008年2月,自治区交通厅领导现场查勘永宁县农村交通规划

2007年5月，李银路铺路

2008年12月，望增线客运班车通车，沿线村民给运管部门赠锦旗

2010年8月建成的宁夏望远现代金属物流园举行开业庆典

宁夏望远现代金属物流园

宁夏望远金属物流园2009年6月日开工建设，2010年8月完成一期建设，2010—2012年开始二期工程建设期。物流园占地1240亩，由入园的100多家企业投资8亿元参股组建宁夏望远金属物流园公司，各个钢贸企业独立经营管理，自负盈亏，但共同管理物流园。

望远金属物流园经营建材交易、物流仓储配送、信息管理、电子商务、金属加工配送，是宁夏最大的面向国内外市场的多功能金属物流商务区。园区高峰期有700多家，钢材经销企业入驻，日吞吐货物量达到3500吨。

宁夏望远现代金属物流园进销两旺

黑色金属囤积与销售

20世纪90年代的宁夏制药厂

21世纪初的宁夏启元药业厂区一角

宁夏启元药业有限公司

宁夏启元药业有限公司是一家大型综合性民营制药企业，国家重点高新技术企业和科技兴贸全国百家重点出口企业，专业从事抗生素原料药、合成药以及中西药制剂研发、生产、销售及国际贸易。公司建有国家级企业技术中心，并获准设立博士后工作站。公司原料药主导产品红霉素、盐酸四环素通过美国FDA和欧洲COS认证；原料药维生素C产品通过ISO9001、FSSC22000的监督检查及食品技术标准（BRC）、国际食品标准（IFS）首次认证。公司获得SGS公司授予的ISO14001：2004环境管理体系及OHSAS18001：2007职业健康安全管理体系认证证书。公司与北京理工大学、华东理工大学、南京工业大学、四川抗生素工业研究所等科研院所建立长期科技合作关系。完成具有国际先进水平和国内领先水平的新产品、新技术项目38项，申请专利18项，承担国家重点新产品、国家火炬计划、自治区重点技术创新项目、新产品开发项目等10多个技术创新项目。

21世纪初的宁夏伊品生物科技有限公司一角

伊品味精生产车间一角

宁夏伊品生物科技股份有限公司

宁夏伊品生物科技股份有限公司位于永宁杨和工业园区，是集玉米淀粉、谷氨酸、赖氨酸、味精、复混肥、饲料生产加工于一体的股份有限公司。

公司现有总资产近20亿元，员工3500多人；是自治区政府确定的50户工业龙头企业之一。公司先后被农业部认定为“农产品加工业示范企业”，被中国发酵工业协会认定为“全国发酵行业循环经济试点企业”，被自治区政府授予“农业产业化重点龙头企业”“百强纳税企业”“先进工业企业”等称号，被自治区科技厅认定为“高新技术企业”“自治区级企业技术中心”，被自治区卫生厅评为区级“食品卫生A级单位”，被自治区政府评为“宁夏十大民营企业”等荣誉称号。

企业已通过ISO9000国际质量体系认证、HACCP、HALAL、国际犹太KOSHER认证和食品安全QS认证、 FAMI-QS认证，并取得了自营进出口权。伊品牌味精获得中国食品工业协会名优品牌产品和中国质量检验协会质量稳定合格产品称号。

宁夏紫荆花纸业有限公司

宁夏紫荆花纸业有限公司是一家专业生产生活用纸的中国生活用纸10强企业、宁夏回族自治区农业产业化龙头企业。公司位于永宁县桥南杨和工业园。现有员工2000多名，年产10万千克生活用纸。公司现有净资产4.5亿元。2016年销售收入4.4亿元，固定资产净值3.6亿元。“紫金花”商标被国家工商行政管理总局商标局授予中国驰名商标。2009年，公司又投资2.8亿元新建4万吨木浆高档生活用纸生产线，项目采用国际最先进的新月成型技术，项目建成后使公司拥有中国西部最大的木浆生活用纸生产线。公司历时5年的科研攻关，在全国首家攻克利用沙柳及柠条制造生活用纸的课题，获得2项国家专利。

21世纪初的宁夏紫荆花纸业有限公司一角

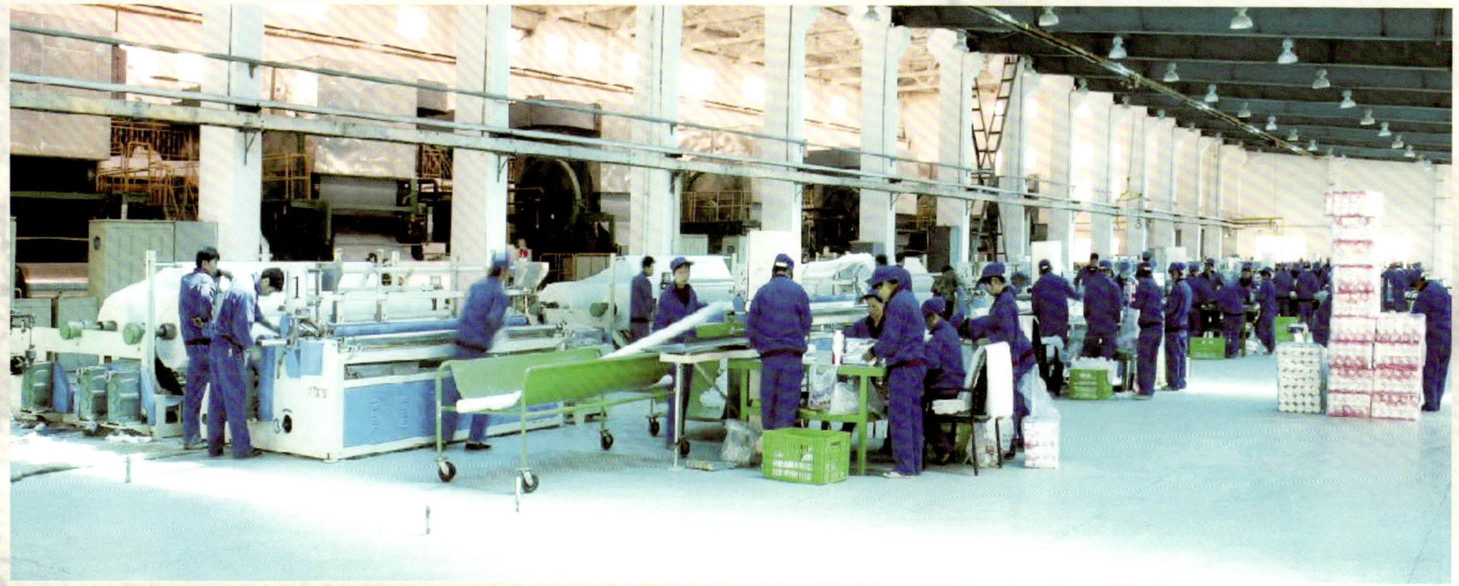

宁夏紫荆花纸业有限公司生活用纸生产车间一角

土地储备管理

2008年8月，全县土地储备规划论证会

土地储备管理

县政府依照法律程序，运用市场机制，按照土地利用总体规划和城市规划，通过回收、收购、置换、征收方式取得的土地，并予以储备。2003年10月30日，县政府出台《永宁县国有土地使用权招标拍卖挂牌出让暂行规定》《永宁县国有土地储备暂行规定》。成立永宁县土地储备中心。

全县“全国第二次土地调查”

永宁县“全国第二次土地调查”于2007年7月启动，2009年完成。调查范围主要包括农村土地、城镇土地、基本农田。调查结果表明，2008年，永宁县总面积925.98平方千米，耕地48.57万亩。

2008年，永宁县国土局开展“全国第二次土地大调查”

2004年8月，县委书记张玉英（右三），调研全县农村养殖工作

2009年1月19日，永宁县团委举办科技星火带头人报告会

星火带头人活动

1990年，团县委围绕科技兴农、“231工程”，开展青年科技星火带头人活动。县政府确定“二高一优”农业推广项目，将种桑养蚕、啤酒大麦、甘草和啤酒花3个钟植项目交给团县委与科委领办。1990年底，团县委在全县树立乡、村级科技星火带头人95名，其中，县级42名，全国标兵1名。县团委被团中央确定为全国科技星火示范县活动先进单位。仁存乡丰登三队24岁的养猪大户史磊，被评为全国星火带头人，受到团中央表彰。2001年，团县委制订并实施《全县培星火带头人活动五年推进计划》，在全县范围内培养和树立县、乡两级青年星火带头人386名。有“全区十大杰出青年农民”望洪乡农丰村种田能手刘万成；有艰苦创业带领本村42名团员青年利用养鱼走上富裕路，“全区十大杰出青年星火带头人”增岗乡靖益村农民曹正林；有被评为“全国农村青年星火带头人”望远镇红旗村徐珍等。

2009年12月19日，全县举行十佳青年报告会

2007年5月20日，中国民主促进会永宁县支部委员会第二次会议

1998年5月，永宁县第一中学

永宁中学

1956年，甘肃省教育厅拨专款建立永宁中学。建校初为初级中学。1958年，学校初具规模。1960年9月，增设高中部。1961年，永宁初级师范并入永宁中学。1969年8月，学校停办。1970年，学校复课。1978年，学校恢复正常。

学校现占地约46.2亩，绿地覆盖率30.05%。

永宁中学是宁夏示范性高中。是县属完全中学、县级重点中学、永宁县窗口学校。学校教学设备配置完善，拥有先进的理、化、生实验室，学生实验完成率100%；学校图书室藏书5万多册。

20世纪90年代，永宁中学新生军训课

2006年永宁县第一中学举行50年建校庆典

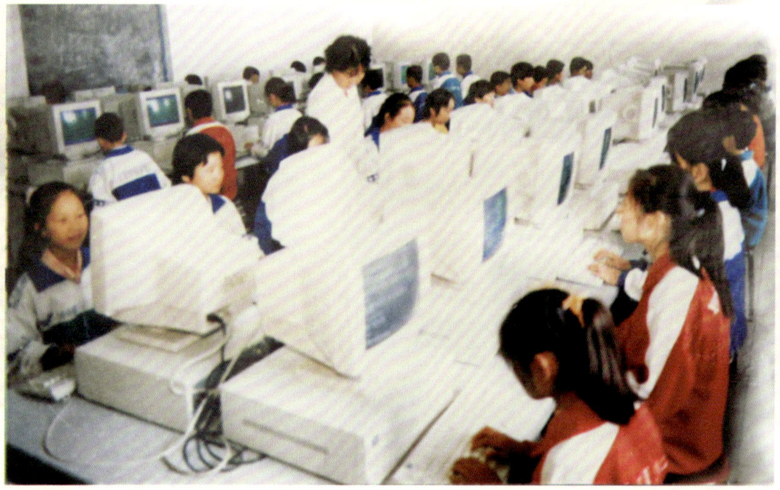

20世纪90年代，永宁中学微机课

永宁高级中学

永宁县高级中学2001年开始建设。2006年9月建成并招生，投资6000多万元，是全县唯一一所按自治区示范高中标准建设，设备按国一类标准配置的学校。学校位于县城新区，占地110亩，建筑面积4.7万平方米，办学规模为60个教学班。

校区分为教学实验区、体育活动区、生活区三部分。办公教学实验区有教学楼、办公楼、少年活动中心、科技楼、多功能大厅等。体育活动区有体育看台、400米塑胶跑道、人工草皮足球场、标准化的篮球场和排球场、1600平方米器械运动区等。生活区有男女生公寓楼，可安排2800名学生住宿；灶房2个，教工、学生餐厅可供所有学生就餐。办公楼除供教师办公外，还有9个教师电子备课室。青少年活动中心配备有图书室、阅览室各2个，有形体训练室、琴房各1个，美术、音乐教室各2个，除用于教学外，还可供艺术特长生进行专业训练。有微机室6个。科技楼配备标准化的物理实验室6个，仪器室、准备室各6个。化学实验室6个仪器室、准备室各6个。生物实验室4个，仪器室、准备室4个，标本陈列室1个。

2006年10月17日，总投资5200万元的永宁高级中学建成揭牌

1994年3月，县教育局组织中小学生参观雷锋事迹展览馆

20世纪90年代，永宁高级中学学生们的微机课

2006年1月，望远镇城镇居民领取最低生活保障金

城镇居民最低生活保障

1998年，县人民政府制定《建立城镇居民最低生活保障制度》。同年8月1日起，对家庭月人均纯收入低于100元的三类非农业户口的城镇居民发放城镇居民最低生活保障金。1998年，全县有城镇最低生活保障户76户202人。1999年，最低生活保障金发放标准为130元。2001年，全县城镇低保对象79户217人，全年发放保障金15万元，月人均金61.6元。2003年，全县城镇低保户2323人，全年发放低保金173万元。2004年，城镇低保标准由160元提高到170元。全县低保户2401户5714人，全年发放低保金391.4万元。2005年，城镇低保标准提高为180元，全县低保户2625户6552人，全年发放低保金498万元。2006年，全县有城镇低保对象2785户6608人，月发低保金48.6万元，月人均保金73.6元。

2006年以后的10年，全县城镇居民最低生活保障发放标准逐年提升。到2016年，为城市低保1471户2066人，发放低保金和各类补助978万元。

2007年10月15日，县中心敬老院落成典礼

2005年，永宁县老年大学首届学员毕业典礼

2003年2月17日，县残疾人联合会第四次代表大会

1999年5月，县医护人员在吊庄地区义务为吊庄儿童体检

吊庄

20世纪80年代初，中共中央、国务院专设国家“三西”扶贫资金。自治区根据宁夏自身情况，利用国家“三西”扶贫资金，将居住在南部山区的“西海固”地区的部分因生态环境恶劣、土地贫瘠、生存压力大无法维持生活的群众，集体搬迁至引黄灌溉区。

宁夏的吊庄移民既属于扶贫移民也属于生态移民。从移民意愿上讲属于自愿移民。这些移民虽住在宁夏川区，但隶属关系仍归原迁出县，就像“吊在空中的村庄”，因此叫“吊庄”。

2006年11月，闽宁镇举办婴幼儿家长培训班

2000年3月30日，闽宁镇幼儿园给孩子们服糖丸

社会捐资助学

邵逸夫基金捐助永宁教育

邵逸夫基金会是香港著名实业家邵逸夫先生于1973年在香港设立的私人慈善机构，其宗旨是协助促进教育、医疗和艺术事业的发展。至2008年，邵逸夫捐助内地事业的资金达32亿元，受惠学校及教育项目近5000个，遍布31个省、市及自治区，“逸夫楼”遍布中国大地。

邵逸夫基金重点支持中西部大、中、小学的教育设施建设，切实配合国家中部崛起和西部开发等重大战略，有效促进中西部地区教育事业的发展。1996年，逸夫项目资金港币50万元，对县镇一小进行扩建、新建。1997年，逸夫项目资金港币50万元，对县镇一小进行了改扩建，新建4100平方米的教学办公楼。1998年，逸夫项目资金人民币50万元，扩建通桥中学。

2007年8月10日，中央电视台著名主持人崔永元随中国青少年发展基金会来到永宁县望远镇政权村，主持“共享一份爱，同圆一个梦”大型公益活动，并个人现场捐款1万元

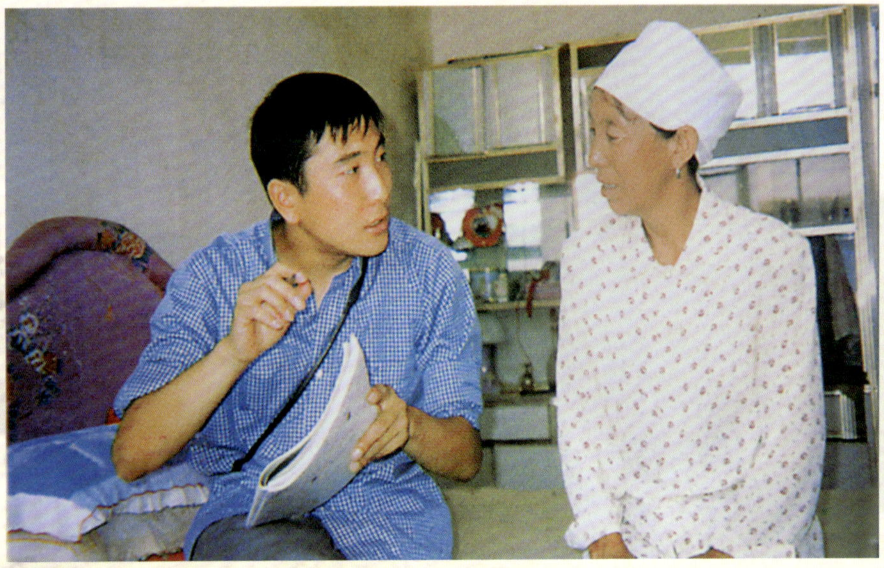

1998年，日本驹泽大学博士生高桥健太郎到访杨和村回族家庭

2001年10月11日，台湾地区慈心慈善教育基金会捐建望洪乡西玉小学。图为捐建奠基典礼

2005年5月，由永宁县委宣传部和文化广播电视局编排、县机关干部及群众组成演员团队表演的现代眉户剧《李双成》在永宁县热演

优秀共产党员李双成

李双成同志于1971年参加工作；1993年6月，任中共银川市委纪律检查委员会委员、常委；2000年3月，任中共永宁县委常委、副书记、纪委书记；2004年3月，兼任永宁县闽宁镇党委书记；2004年11月，任银川市政府研究室（扶贫办）党组书记、主任。2004年12月10日，李双成在工作途中遭遇交通事故不幸以身殉职。自治区党委追授李双成同志为优秀共产党员。

2004年5月，永宁县委副书记李双成（左四），在闽宁镇督查工作

设施果树栽培

1993年，园林场、通桥林、杨和乡建起6栋温棚葡萄起步，永宁县开始设施果树栽培，到2005年发展2万余间，近1000亩，结果面积1.2万间。以望洪镇为中心区域辐射李俊镇、杨和镇，温棚葡萄规模化栽。望洪镇中心区设施果树占全县设施果树的60%以上。2005年，全县设施果树果品年产量180万斤，果品产值达468万元，最高亩产4000斤，亩产值1万元，永宁设施果树栽培跃踞全区各县市前列。2004—2005年两年间，永宁县先后取得葡萄、桃的产地、产品认证。部分果品销往上海、北京、拉萨等地。征沙林场的谢耀宗、柳晓仁、许秉国、徐林等，1993年率先建起第一代葡萄温棚，当年种植，第二年结果，第三年进入盛果期，亩产3000斤，亩产效益8000元以上。他们的示范带动，使得全县设施果树栽培面积迅速扩大，种植户由零散的十几户发展到600多户2万间。2006年，全县建成林业特色基地1万亩，其中，葡萄4700亩，桃李杏2000亩，枣树3300亩，低产园改造任务5000亩。在望镇农声村、增岗村、前渠村、宋澄村以及杨和镇、胜利乡等地完成设施果树建设2.6万间。葡萄套袋和桃套袋3000多亩。

2004年9月23日，胜利乡许旺村一队果农给县林业局送锦旗，感谢林业科技人员对他们的支持

2008年1月，县委组织部干部扶贫济困送农资下乡

2001年，李俊镇金塔村第七届村委会换届选举大会

2007年12月，全区农村党员干部现代远程教育工作经验交流会在永宁县召开

群众广场文艺

永宁县文艺广场文艺活动缤纷绚丽，多彩多姿，已成为永宁县的一道亮丽的风景。

永宁“湖城之夏广场文化季”已连续开展了16届，活动从每年4月开始至10月中旬结束，历时6个月。活动期间，年演出50场次。每年的系列广场文艺演出活动。弘扬了主旋律，丰富了群众的精神世界，不仅愉悦了群众的身心，而且也使地方文化逐渐繁荣，催生出一些文艺新人、新作品出现。

通过开展的创建“全国文化先进县”工作。永宁县正通过扶持民间文艺团体、加大硬件基础设施建设力度、重点培育民间团队，通过政府购买公共文化服务的形式，支持各民间团体创作，加快城乡文化一体化发展。

2008年8月8日，永宁县隆重集会，庆祝北京奥运会开幕

2006年9月5日，中央电视台“激情广场”大型演唱会在县城举行

21世纪初，县文联组织文化艺术工作者采风

向汶川地震灾区捐助活动

2008年5月，永宁县向四川地震灾区捐款仪式

“5·12”汶川地震

2008年5月12日14时28分04秒，四川省汶川地区发生8级强烈地震，地震波及大半个中国及亚洲多个国家和地区。北至辽宁，东至上海，南至香港、澳门、泰国、越南，西至巴基斯坦均有震感。

“5·12”汶川地震严重破坏地区超过10万平方千米，其中，极重灾区共10个县(市)，较重灾区共41个县(市)，一般灾区共186个县(市)。“5·12”汶川地震共造成69227人死亡，374643人受伤，17923人失踪。是新中国国成立以来破坏力最大的地震，也是唐山大地震后伤亡最严重的一次地震。

2008年，宁夏伊品生物工程有限公司向四川地震灾区捐款100万元

2008年，宁夏启元药业有限公司向四川地震灾区捐款100万元

2008年，宁夏紫荆花有限公司向四川地震灾区捐款50万元及价值20万元的药品

向玉树灾区捐助活动

青海省玉树地震灾害

2010年4月14日，青海省玉树藏族自治州玉树县发生6次地震，最高震级7.1级，发生在7点49分，地震震中位于县城附近。截至2010年5月30日18时，经青海省民政厅、公安厅和玉树州政府按相关程序规定核准，玉树地震造成2698人遇难，其中，确认身份2687人，无名尸体11具，失踪270人。

2010年4月，永宁县人民医院组织医务人员赴青海玉树地震灾区

党内关爱资金发放

2010年5月，为帮助困难党员解决一些实际问题，体现党的温暖，增强党员队伍的生机与活力，永宁县开始推行党内关爱机制，专门设立党内关爱资金，帮助困难党员。为保障党内关爱机制落到实处。

县委通过“党费划拨，党员捐款，社会各界捐助”的形式确保党内关爱资金有保障。当年县党内关爱资金筹集额达120.5万元。2011年6月24日，永宁县举行党内关爱资金发放仪式，对41名党龄在50年以上的低保党员，给予每人500元的党内关爱资金固定补助。当年为64名困难党员发放党内关爱资金4.65万元。

2011年6月24日，永宁县举行党内关爱资金发放仪式

2011年6月，县委书记白建平给老党员发放党内关爱资金

2011年10月30日，杨显村移民安置点移民搬迁入住

科学发展观学习教育

2009年3月，永宁县学习实践科学发展观万名党员干部大走访启动仪式

2009年3月，永宁县深入学习实践科学发展观活动动员大会

科学发展观

“科学发展观”是胡锦涛在2003年7月28日的讲话中提出的。其核心内容是“坚持以人为本，树立全面、协调、可持续的发展观，促进经济社会和人的全面发展”。中国共产党第十七次全国代表大会把科学发展观写入党章，中国共产党第十八次全国代表大会把科学发展观列入党的指导思想。

2009年3月6日，永宁县县委常委会议研究决定成立中共永宁县委深入学习实践科学发展观活动领导小组。3月13日，中共永宁县委印发《永宁县开展第二批深入学习实践科学发展观活动实施方案》的通知。从3月中旬开始至8月底结束。3月19日，召开永宁县深入学习实践科学发展观活动动员大会。对全县开展深入学习实践科学发展观活动进行动员和部署。7月8日，中共永宁县委、政府向自治区党委呈送领导班子贯彻落实科学发展观情况分析检查报告。8月12日，中共永宁县委、政府印发《中共永宁县委、县政府领导班子深入学习实践科学发展观活动整改落实方案》的通知。对县委、政府领导班子在学习实践科学发展观活动中学习调研阶段和分析检查阶段，征集到的各类意见建议和查找出的突出问题共12个综合整改项目，提出49条整改措施，加以解决。9月7日，全县召开第二批深入学习科学发展观活动总结大会。

2009年3月，永宁县深入学习实践科学发展观活动阶段工作汇报会

“双拥”

1991年4月20日，永年县成立“双拥”工作领导小组。以后岁岁年年，永宁县每年都要召开驻军部队和地方部门负责人会议，共商“双拥”工作。每年，县主要领导都要定期参加军民共建活动，每逢元旦、春节、八一建军节等节日都要开展慰问驻地部队、烈、军属活动。1987年，中共永宁县委组成4个慰问组，分别对七乡二镇2个国营农场的24名烈属，59名革命伤残军人逐人逐户进行走访慰问。1987年，有30名永宁县籍现役军人参加云南老山前线自卫反击战，当年元旦、春节和八一建军节，县委先后2次组成慰问组，走访慰问30名军人家属，并给前方战士发慰问信。1993年9月，永宁县组成拥军慰问团，分两路奔赴新疆、甘肃、青海、陕西等四省区43处军营，行程1.1万公里，慰问永宁籍战士357人。

社会主义建设新时期，永年县的“双拥”工作年年上台阶。

2007年7月，部队官兵与永宁县群众深夜在抗洪一线

2004年8月1日，庆祝中国人民解放军建军77周年军民联欢会

2007年7月，永宁县党委议军会议

永宁县2008年人民武装民兵工作和国防动员大会

2014年7月17日，宁夏军区司令吕业廷、政委潘武俊在永宁视察

国防教育

1995年1月，永宁成立县国防教育委员会，设办公室。县国防教育委员会由县委、政府、人武部、宣传部、教育局、共青团、妇联等部门负责人组成。主管军事工作的县委书记或副书记任主任，主管地方军事工作的县长或副县长、任县人武部政委任副主任。各乡、镇、农场成立国防教育委员会领导小组。1995年11月，永宁县国防教育工作依法纳入系统化、制度化、法制化、社会化的轨道。每年坚持开展国防教育周、国防宣传日、国防知识竞赛和领导干部“军事一日”活动。几十年来，各村民兵连都征订《中国国防报》《中国民兵》《西北民兵》等军事知识报刊杂志。

2014年7月24日，国防大学教授为永宁县干部做国防形势报告

2015年2月18日，县委书记钱克孝（右二）、县长李润军（左二）慰问春节期间坚守岗位的武警官兵

“56789”暖心工程

2014年，党的群众路线教育实践活动中，永宁县研究出台《关于在农村开展“56789暖心工程”的实施意见》。预算安排资金2000万元，实施“56789”暖心工设。

“5”指为50岁以上的农民开展健康体检，对筛查出慢性疾病患者，进行定期回访、上门服务。由政府出资，各乡镇卫生院免费提供药物和健康咨询服务，对于一些慢性疾病需要住院治疗的，凭诊断证明，提供相应的医疗服务。“6”指给全县60岁以上老人祝福生日，每年生日当天由县政府为其赠送价值100元生日蛋糕一个和200元现金作为生日礼物。“7”指首次将70—79岁老人纳入老龄津贴补贴范围，未享受低保和领取退休工资、养老金的每人每月补贴100元。“8”指提高80岁以上老人老龄津贴标准，80—89岁低收入老年人由每人300元/月提高到350元/月，90—99岁高龄低收入老年人每人350元/月提高到400元/月，100岁及以上高龄低收入老年人每人400元/月提高到450元/月。“9”指加强重症精神病人监护、建立失独家庭特别扶助金制度、提高重度残疾人津贴补助标准、建立农村廉租房制度9项保障措施，费用全部由县级财政承担。

2014年4月8日，县上医护人员为50岁以上老人免费体检

2014年6月30日，由县精神文明建设工作委员会主办的“永宁好人”评选活动举行颁奖典礼

教育惠民

2011年，永宁县出台10项教育惠民措施，加大教育投入，助推教育跨越式发展。2012年底，全部免除在县内就读的永宁户籍阶段学生的学费；免除义务教育阶段学生每学期住宿费，对全县农村小学上学路途超过4公里的学生补贴40%的交通费；对全县农村小学上学路途超过3公里并在学校就餐的学生，每人每天给予1元的午餐补助。2013年，永宁县大力实施农村学校标准化建设，布局调整后离生源地远的学校配备专用校车12辆；对上学较远农村学校小学生发放交通费和午餐补助339万元；免除义务教育阶段寄宿生寄宿费116万元，免除高中学费268万元，落实贫困家庭寄宿生生活补助110万元，高中贫困生补助124万元。全年享受就餐补助的学生8587人，享受校车服务的学生1082人。2014年，率先在区市县投入1200万元对小学生中午就餐学生每人每天补助3元；移民地区中午就餐学生每人每天补助5元，寄宿学生人每天补助8元。对全县孤儿和残疾儿童少年、单亲家庭、因病致贫、低收入家庭学生实施资助。

2015年，享受就餐补助的小学生们午餐场面

2015年，农村的小学生乘校车下学回家

2016年10月14日，闽宁镇中心小学学生放学回家

习近平总书记指出："闽宁镇探索出了一条康庄大道，我们要把这个宝贵经验向全国推广。"

中共中央总书记、国家主席习近平2016年7月19日在宁夏考察，来到永宁县闽宁镇原隆村，他实地察看了闽宁合作开展移民搬迁安置和脱贫产业发展情况。他深情回忆了20年前在福建工作时直接推动闽宁合作的情景。习近平说，1997年我来到这里，被当地的贫困状态震撼了，下决心贯彻党中央决策部署，推动福建和宁夏开展对口帮扶。那时，重点实施了"移民吊庄"工程，让生活在"一方水土养活不了一方人"那些地方的群众搬迁到适宜生产生活的地方，建起了闽宁村。20年来，闽宁村发展成了闽宁镇，你们的收入也从当年的人均500元增加到现在的1万多元，增长近20倍。看到你们开始过上好日子，脸上洋溢着幸福，我感到很欣慰。闽宁镇探索出了一条康庄大道，我们要把这个宝贵经验向全国推广。祝愿乡亲们生活越来越好，宁夏脱贫奔小康的目标早日实现。

2015年建成的闽宁镇"民族团结之花"

中国扶贫："闽宁镇探索出一条康庄大道"

闽宁镇是永宁县乡镇之一，是一个纯移民地区。区域面积210平方公里，辖福宁、园艺、木兰、武河、玉海、原隆6个行政村，77个村民小组，现有8870户4.4万人，回族占83%，其中，贫困人口1537户6536人。1996年5月，党中央、国务院按照"两个大局"的战略构想，决定实施东西对口扶贫协作，以达到"先富带后富，实现共同富裕"，建立福建省对口协作帮扶宁夏机制。1996年10月，福建省委、政府成立由福建省委副书记习近平同志担任组长的对口帮扶工作领导小组。1996年11月4日，闽宁两省区在榕城召开第一次对口扶贫协作联席会议。1997年4月，闽宁两省区第二次联席会议在银川市举行，会议决定成立闽宁村。1997年7月15日，闽宁镇在前身闽宁村建设奠基。此后，两省区每年召开一次对口扶贫协作联席会议。福建省党政代表团多次来闽宁镇调研指导工作。2000年1月18日，西吉县玉泉营经济开发区和闽宁村移交永宁县属地管理，成立永宁县闽宁经济开发区。2001年12月7日，撤闽宁经济开发区，成立闽宁镇。2003年7月，原玉海经济开发区并入闽宁镇。1996年，闽宁对口扶贫协作工作启动以来，得到中央和福建、宁夏两省区的高度重视。特别是时任福建省委副书记、对口帮扶领导小组组长习近平同志，先后多次出席闽宁对口帮扶协作联席会议，并做了"重视排洪工程，注入科技，污染的工业不可搞，起点要高"和"闽宁对口扶贫协作是一项政治任务"的重要指示。自治区党委、政府高度重视闽宁地区的发展，2009年、2010年连续两年在闽宁镇召开现场办公会议，多次专题研究制约闽宁镇发展的难题，确定闽宁镇"种葡萄，养黄牛，育菌草，抓劳务"的产业发展路径和将闽宁镇打造成全区移民扶贫示范镇的目标。

2014年11月28日，自治区召开推进闽宁镇扶贫开发建设会。自治区党委常委、副主席李锐，银川市市长马力，县领导钱克孝、李润军参加会议

2015年4月25日，永宁县召开闽宁镇建设与发展工作推进会

2014年12月22日，闽宁镇肉牛托管扶贫项目2014年分红现场

20多年来，特别是近10年，永宁县委、政府始终把闽宁镇的发展当作全县社会发展重要大事，当作执政为民首要政治任务谋划，举全县之力，集全县之智，坚定不移贯彻党中央、国务院，区、市党委、政府的部署，对闽宁镇实施精准扶贫。

“十二五”期间，闽宁镇产业发展成效显著，初步形成酿酒葡萄种植、牛羊养殖业、食用菌、劳务输出主导产业；农田水利设施完善，排灌畅通，交通条件得到极大改善，全镇8个贫困村实现村村通柏油路的目标；全部完成农电网改造，义务教育全面实施；实现有线电视“村村通”工程；医疗卫生、计生服务设施条件得到明显改善，群众看病难、看病贵的现象得到初步解决。“十二五”期间，闽宁镇坚持协调发展不动摇，坚持走精准扶贫之路，全力推进闽宁扶贫开发成为全区示范和闽宁协作的示范窗口。到“十二五”末，共整合各类资金25.5亿元，重点实施节水灌溉、道路畅通、园区建设、老镇区综合整治、棚户区改造、新镇区建设等153个项目。实现了“葡萄种植规模化、肉牛养殖园区化、劳务输出组织化、园区建设标准化”。全镇农民人均纯收入由建镇初期的人均500元增长到2015年10350元，增长20.7倍，农民人均可支配收入超过全区农民人均可支配收入标准。

2016年10月22日，由中国经济信息社，永宁县委、县政府主办的“2016中国东西协作(闽宁)高峰论坛”在永宁县举行

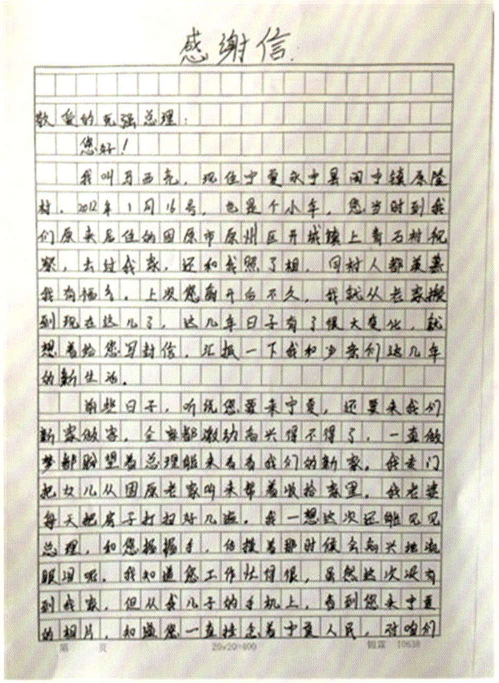

感谢信

敬爱的克强总理：

您好！

我叫马西亮，现住宁夏永宁县闽宁镇原隆村。2012年1月16号，也是个小年，您当时到我们原来居住的固原市原州区开城镇上青石村视察，去过我家，还和我照了相。同村人都羡慕我有福气。上次您离开后不久，我就从老家搬到现在这儿了，这几年日子有了很大变化，就想着给您写封信，汇报一下我和乡亲们这几年的新生活。

前些日子，听说您要来宁夏，还要来我们新家做客，全家都激动高兴得不得了，一直做梦都盼望着总理能来看看我们的新家。我专门把女儿从固原老家叫来帮着收拾家里，我老婆每天把房子打扫好几遍，我一想这次还能见见总理，和您握握手，估摸着那时候会高兴地流眼泪呢。我知道您工作忙得很，虽然这次没有到我家，但从我儿子的手机上，看到您来宁夏的相片，知道您一直挂念着宁夏人民，对咱们

马西亮写给李克强总理的信（部分）

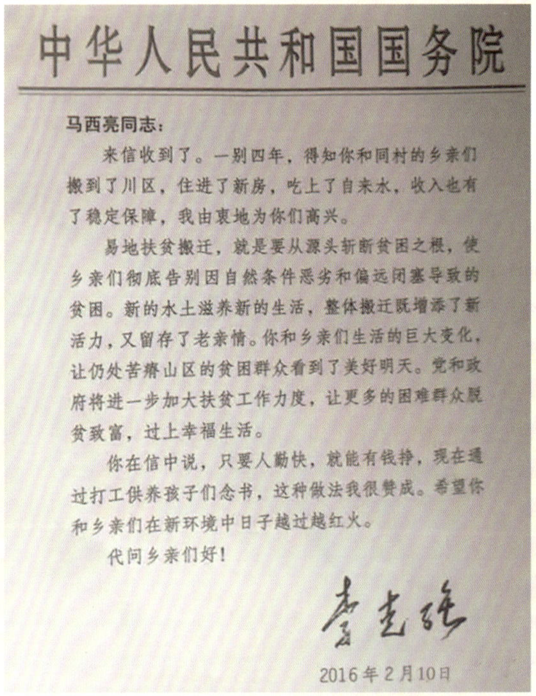

中华人民共和国国务院

马西亮同志：

来信收到了。一别四年，得知你和同村的乡亲们搬到了川区，住进了新房，吃上了自来水，收入也有了稳定保障，我由衷地为你们高兴。

易地扶贫搬迁，就是要从源头斩断贫困之根，使乡亲们彻底告别因自然条件恶劣和偏远闭塞导致的贫困。新的水土滋养新的生活，整体搬迁既增添了新活力，又留存了老亲情。你和乡亲们生活的巨大变化，让仍处苦瘠山区的贫困群众看到了美好明天。党和政府将进一步加大扶贫工作力度，让更多的困难群众脱贫致富，过上幸福生活。

你在信中说，只要人勤快，就能有钱挣，现在通过打工供养孩子们念书，这种做法我很赞成。希望你和乡亲们在新环境中日子越过越红火。

代问乡亲们好！

李克强

2016年2月10日

李克强总理给马西亮的回信

李克强总理和马西亮的书信

马西亮原系固原市原州区开城镇上青石村农民，2012年，易地扶贫搬迁来到永宁县闽宁镇原隆村。2012年1月16日，李克强在宁夏考察期间，曾来到马西亮上青石村的家中，李克强仔细察看了旧窑洞受损情况，并与村民围坐在一起亲切交谈。

2016年2月1日，李克强再次来到宁夏，在固原、银川两市走访慰问、考察调研。离开宁夏前，总理特地叮嘱自治区主席刘慧等，一定要到永宁县闽宁镇原隆村，看望慰问从固原市原州区开城镇上青石村搬迁下来的移民群众，看看乡亲们的生活是不是变好了。

2月4日，受总理委托，刘慧等专程来到原隆村，看望慰问移民群众，并到马西亮家中，传递党中央、国务院的深切关怀。头一天，得知主席要来他家慰问，马西亮准备好自己新家和新生活的照片，并给总理写封信。他想托自治区领导把反映他家生活变化的相片连同这封信一起寄给总理。

2月16日，李克强总理收到信后亲自给马西亮回信。

马西亮在永宁县闽宁镇原隆村的家

2001年12月，永宁县闽宁镇成立

闽宁人家

2016年8月3日，闽宁村第一批移民谢兴昌在自己从1998年开始种植的枸杞园中

首届宁夏设施园艺节

2008年5月8日，首届宁夏设施园艺节在永宁县举办。活动得到农业部支持，活动由银川市人民政府、自治区农牧厅、自治区科技厅、自治区财政厅、自治区文化厅、自治区林业局、《宁夏日报》报业集团主办，永宁县人民政府承办。组委会还邀请到中国农科院、中国农业大学、山东农业大学、沈阳农业大学、河北农业大学、西北农林科技大学、中国农科院蔬菜花卉研究所、中国农科院郑州果树研究所、辽宁果树研究所、青海省农技推广总站等科研院所的负责人。现场演示十五大种类86个品种140多台农机具。自治区农机部门引进微耕机、卷帘机、暖风炉以及二氧化碳气肥机、种子磁化机、声波助长仪等设施农业机械设备。

2008年5月8日，首届宁夏设施园艺节在永宁县举行

2008年宁夏首届设施园艺节，工作人员在演示设施农业机械

2009年9月，区内外媒体关注永宁县稻田立体养殖

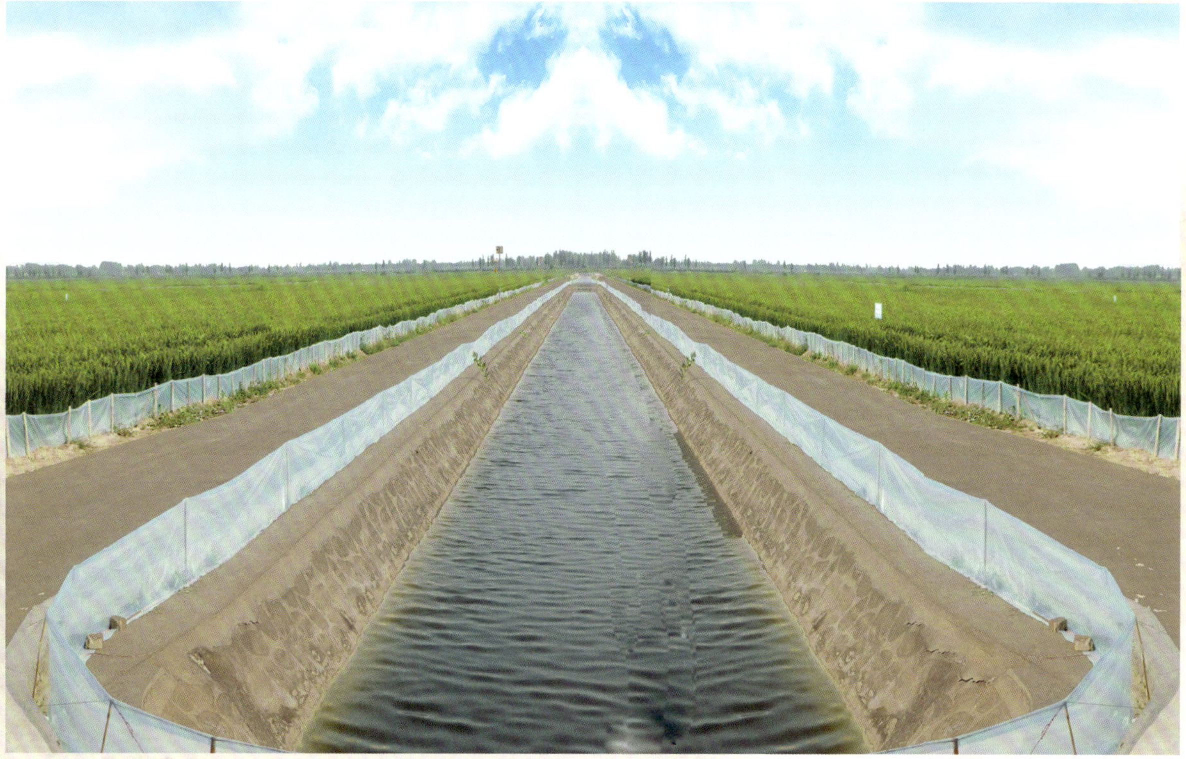

2015年8月，永宁县望洪镇农业综合开发土地整治后的稻田

现代农业

现代农业相对于传统农业而言，是广泛应用现代科学技术、现代工业提供的生产资料和科学管理方法进行的的社会化农业生产。一整套建立在现代自然科学基础上的农业科学技术的形成和推广。现代机器体系的形成和农业机器的的广泛应用，拖拉机、耕耘机、联合收割机、农用汽车、农用飞机以及林、牧、渔业中的各种机器，成为农业的主要生产工具，电子、激光、遥感技术开始运用于农业；良好的、高效能的生态系统逐步形成。农业企业规模的扩大，农业生产的地区分工、企业分工日益发达。经济数学方法、电子计算机等现代科学技术在现代农业企业管理和宏观管理中运用越来越广。

党的十八大尤其是党的十九大，对发展现代农业促进广大农民群众走进小康社会给以重点关注。

社会主义现代化建设新时期，永宁县现代农业建设稳步推进，现代农业机器体系广泛应用，农业企业规模日益壮大，电子、遥感等技术开始运用于农业。

2016年5月13日，永宁县农村土地承包经营权证颁发仪式在李俊镇雷台新村举办

2015年11月15日，晓鸣农牧股份有限公司在北京全国中小企业股份转让交易大厅挂牌上市

开放的永宁迎接世界宾客

2000年7月，法国波尔多酒商行会会长波杰参观永宁广夏葡萄种植

2007年9月10日，乌兹别克斯坦国家科学院教授、东干人协会会长萨吾洛夫·玛乃先生向永宁县捐赠一件清代民窑烧制的青花瓷碗

2008年5月31日，沙特中国友好协会主席沙中企业家协会主席阿卜杜·杰里希率沙特企业家代表团在永宁县参观

2015年4月7日，美国驻华大使马克斯•博卡斯（右一）一行10人考察永宁县文化建设

2015月9月15日，永宁县与友好往来的荷兰特温特市代表在永宁县人民公园举行勒石铭志纪念活动

2013月7月1日，苏丹全国大会党领导委员会成员、政府工业部长阿卜杜勒－瓦哈布•奥斯曼•阿里带领苏丹全国大会党高级干考察团到永宁县参观考察

2016年9月25日，柬埔寨王国、格鲁吉亚、汤加王国等八个驻华使馆的外交官和世界知识产权组织驻华代表在永宁县考察

2016年9月7日，罗马尼亚国家自由党第一副主席、伊尔福夫省省长马里安•彼得拉凯率考察团到永宁县考察

2016年8月29日，中东欧国家高级别官员访华团在永宁县考察

与港台地区交流

2015年8月14日，台湾高雄市基层代表来永宁县观摩

2015年7月9日，香港大学生夏令营代表团在永宁县参观

2015年8月4日，丝绸之路青年领袖香港青年学生在永宁县参观

中国共产党永宁县第十四次代表大会

2016年9月22日，中国共产党永宁县第十四次代表大会在永宁宾馆礼堂召开

中国共产党永宁县第十四次代表大会

2016年9月22—23日，中国共产党永宁县第十四次代表大会在永宁宾馆礼堂召开。大会由李润军主持。钱克孝同志代表中共永宁县第十三届委员会向大会做工作报告。会议通过《中国共产党永宁县第十四次代表大会关于中共永宁县第十三届委员会工作报告的决议》及《中国共产党永宁县第十四次代表大会关于中共永宁县纪律检查委员会工作报告的决议》。当日，中共永宁县第十四届委员会召开第一次全体会议。中共永宁县第十四届委员会委员及候补委员参加。钱克孝同志主持会议。会议选举钱克孝、李润军、杨宝文、杨锋、刘明、钱冬、雷保荣、郑振杰、任丽琴、王晓东、郑进选为中共永宁县第十四届委员会常务委员会委员；钱克孝为县委书记，李润军、杨宝文为县委副书记。会议还通过纪委常委、书记、副书记选举结果。

2014年2月21日，永宁县党的群众路线教育实践活动动员大会召开

党的群众路线教育实践活动

第一批于2013年6月18日启动。第二批活动2014年1月开始，2014年底结束。主要内容是把为民务实清廉的价值追求深深植根于全党同志的思想和行动中。重点是县处级以上领导机关、领导班子和领导干部。切入点是贯彻落实中央八项规定。突出教育实践活动的主要任务聚焦到作风建设上。集中解决形式主义、官僚主义、享乐主义和奢靡之风这“四风”问题。以“照镜子、正衣冠、洗洗澡、治治病”为总要求。永宁县的党的群众路线教育于2014年2月21日开始，2014年10月12日结束。

2015年9月30日，召开永宁县委中心组理论学习（扩大）会暨“三严三实”专题学习会，钱克孝、段伏林、李建春等县四套班子领导参加会议

党的群众路线教育实践活动

党的群众路线教育活动，使党员干部的廉政教育如春风化雨。图为2015年5月8日县国税局党员干部参观廉政教育基地

民情大数据调查活动是永宁县党的群众科学教育重要活动之一。图为2014年4月15日，县机关干部千人百村万户大民情大数据调查活动启动会

2015年8月7日，自治区党委第四巡视组巡视永宁县工作

2016年5月20日，永宁县编排的廉政教育舞台剧《昨夜无钟声》在区直机关单位做专场演出

区党委第四巡视组对永宁县开展巡视

2015年8—9月，自治区党委第四巡视组对永宁县开展巡视。

巡视组共向永宁县委反馈四个方面的问题。针对“两个责任”落实逐级弱化，自上而下传导压力不够的问题，县委健全完善20多项规章制度，创新正风纠错预警和“三定两评一应用”机制，推进乡镇驻点巡察工作。针对“招投标管理不规范”的问题，完善招投标管理办法，实现“三个分离”。针对“土地征用管理不规范，拖欠土地出让金”的问题，制定《征收储备土地管理办法》，开展拖欠土地出让金专项整治行动，3个欠缴单位已清缴完毕。针对政府性债务方面问题，严控债务规模，创新金融方式，盘活政府资产，剥离政府债务，将政府资产分类注入平台公司。针对“资金管理使用不规范”的问题，修订完善《永宁县财政性资金管理暂行办法》《永宁县行政事业单位国有资产使用管理暂行办法》等制度，将所有预算单位纳入国库集中支付范围。针对“违反中央八项规定精神”的问题，立案3件，处理2人。针对“选人用人方面”的问题，建立完善专业考察员队伍，筛选确定二级考察员32名、三级考察员43名，完成在职干部1400卷人事档案专项审核工作，消化超职数配备干部41名。根据巡视组移交的领导干部个人问题线索，县纪委立案4件，给予党内警告处分2人、党内严重警告处分2人。

永宁县第十八届人民代表大会第一次会议

2016年10月24—25日，永宁县第十八届人民代表大会第一次会议在永宁县宾馆举行，县委书记、县十七届人大常委会主任、大会主席团常务主席钱克孝主持大会，县长李润军代表政府做《永宁县人民政府工作报告》，会议听取了县十七届人大常委会常务副主任李建春做的《永宁县人大常委会工作报告》、县人民法院代院长魏凯军做的《永宁县人民法院工作报告》和县人民检察院代检察长赵宏宇做的《永宁县人民检察院工作报告》。大会通过各项报告的决议。

郭雪平当选为永宁县十八届人大常委会主任，李润军当选为永宁县县长，魏凯军当选为县法院院长，赵宏宇当选为县检察院检察长。王少林、满红、陈丽娟、马少军当选为永宁县人大常委会副主任。杨锋、马金祥、王辉、马燕、张文当选为永宁县副县长。

2016年10月24—25日，永宁县第十八届人民代表大会第一次会议在永宁县宾馆举行

2016年10月23—25日，中国人民政治协商会议永宁县第十届委员会第一次会议在永宁宾馆礼堂召开

中国人民政治协商会议永宁县第十届委员会第一次会议

2016年10月23—25日，中国人民政治协商会议永宁县第十届委员会第一次会议在永宁宾馆礼堂召开，政协永宁县第九届委员会主席段伏林代表县政协第九届委员会常务委员会向大会报告工作。会议听取并通过政协永宁县第十届委员会第一次会议提案审查情况的报告、《中国人民政治协商会议永宁县第十届委员会第一次会议关于九届委员会常委会工作报告的决议》《中国人民政治协商会议永宁县第九届委员会常务委员会提案工作报告的决议》《中国人民政治协商会议永宁县第十届委员会第一次会议政治决议》。段伏林当选为政协永宁县第十届委员会主席，蒯金银、郭宏、孙佳永当选为政协永宁县第十届委员会副主席；郭斌当选为秘书长。

2017年3月10日，银川市委常委、永宁县委书记钱克孝（右五）调研闽宁镇经济社会发展情况

2017年5月10日，永宁县人大常委会主任郭雪平（左二）携县人大代表督查全县重点项目建设情况

2016年7月10日，永宁县县长李润军（右三）调研水利工程建设情况

2016年10月10日，中国人民政治协商会议永宁县第九届委员会主席段庆林（前右二）调查全县社会经济发展

2016年9月27日，县委副书记杨宝文（左三）陪同银川警备区司令陶国生（左三）考察永宁县扶贫产业发展情况

2016年1月25日，县委常委、组织部部长刘明（中）看望慰问群众

永宁黄河公路大桥

2013年10月21日，永宁黄河公路大桥开工建设。自治区、银川市领导孙贵宝、田成江、孙荣山、马力、贺满明、杜银杰、马凯、周云峰，中铁十六局集团有限公司董事长、总经理孔令键出席开工仪式

2015年11月18日，永宁黄河公路特大桥工程经过近2年的施工，两座高102.15米的主塔顺利合龙

2014年8月，永宁黄河公路特大桥主塔施工

2014年8月，永宁黄河公路特大桥主塔施工

永宁黄河公路大桥

永宁黄河公路大桥位于永宁县和灵武市之间。大桥连接宁东能源化工基地、河东国际机场、银川国际空港物流中心、银川综合保税区、银川滨河新区、望远工业物流园区、银川经济技术开发区、银川铁路货场西站、内蒙古阿拉善盟之间的便捷通道；也连接贺兰山旅游区。

永宁黄河公路大桥是黄河上游段及宁夏第一座跨越黄河天堑的双塔双索面斜拉桥。大桥全长3.753公里，双向六车道，设计速度80千米/小时。大桥集“深桩、大跨、高墩、水深、水急、大体积承台、斜拉索、50米T梁”等多重难度为一体。大桥获得包括“桥梁抗震中的防屈曲约束支撑构件”技术、“预应力锚固端封浆密封器”技术、“前支点挂篮监测系统”“大体积盖梁自动调节高程支架”“冬季施工悬臂保温暖棚”“智能泥浆循环系统”6项国家实用新型专利。

大桥由中国铁建十六局集团有限公司与宁夏宁东开发投资有限公司、永宁县欣荣城乡发展有限公司组成联合体成功中标该项目。大桥总投资15.74亿元，

永宁黄河公路大桥24小时最多可通过3万余车次。大桥运营收费期为30年。

通车仪式上的锣鼓表演

2016年9月28日，永宁黄河大桥正式通车。图为通车当日大桥的雄姿

2011年7月24日，第九届中国西部民歌（花儿）歌会在永宁县举行

中国西部民歌(花儿)歌会

由文化部牵头，自治区党委宣传部、自治区文化厅及陕西、甘肃、青海、新疆、四川、重庆、云南、贵州、内蒙古、广西、西藏及新疆生产建设兵团文化厅、局共同承办。

中国西部民歌(花儿)歌会1998年创办，是宁夏回族自治区倾力打造的重要文化品牌之一。中国西部民歌(花儿)歌会前六届在银川市举行，2009年，第七届移师永宁县。2011年，中国西部民歌(花儿)歌会组委会决定，永宁县政府成为西部民歌（花儿）歌会永久承办地。

中国西部民歌（花儿）歌会1998年首次举办至2016年，已成功举办十二届，并成为常驻永宁县的赛事。

2012年8月26日，第十届中国西部民歌（花儿）歌会在永宁县圆满落幕

新时期永宁群众广场文艺

2016年8月20日，三沙源西部大漠音乐节在永宁县三沙源中央公园开唱

2016年6月2日，永宁县举行学党史、颂党恩、跟党走革命歌曲大合唱群众演唱会

2015年11月2日，永宁县举行第一届全民健身运动会

后 记

血脉黄河，千古悠悠，潮起潮落，生生不息。黄河孕育了灿烂的中华文明，永宁就是这文明长河中的一朵浪花。黄河文明的图腾，永宁从未缺席。

有了文字，人类就有了记载历史的载体；有了图片，人类历史记载就变得鲜活、多彩多姿。

20世纪，中华民族之命运跌宕起伏，这个时期那些林林总总的影像，就是这段历史上的点、线、句、段。

2016年，时任永宁县史志办主任黄轶群构思，搜罗永宁历史影像，编辑成册，以图说史，不仅让永宁现代史志形象、鲜活，而且也是对浩繁的影像做一次广泛的挖掘整理，功德两便。

2016年9月，图片搜集工作开始，但异乎艰难，进展迟缓。2016年12月，王富荣同志接任永宁县史志办主任后，毅然决然，不遗余力推进此项工作。本书作为永宁县史志文化工程，政府曾两度立项，虽一波三折，但终得正果。

永宁县县委常委、组织部部长刘明，亲定书名，拨冗作序，并两度审读，提出了不少真知灼见。责任编辑陈浪，悉心审校，纠谬补漏，颇具匠心。永宁县档案局局长康利平及档案局的其他同志为本书资料搜集提供大量无私的帮助。自治区党委党史研究室对书稿进行了审读和把关。画册编辑经过两年时间，李玉春同志做了大量的图片搜集、整理工作，编辑设计十易其稿。

永宁县委、县政府主要领导此书编辑出版工作给予大力支持。

书名为《永宁历史影像》，在付梓之际，我们要向为画册做出大量工作的领导和同志们表示衷心感谢！

由于编者水平有限，虽经几次修改订正，但疏忽与遗漏之处在所难免，诚请专家学者和广大读者不吝赐教。

永宁县史志编纂委员会办公室

2018年5月